ドイツの歌舞伎とブレヒト劇

田中徳一

えにし書房

ドイツの歌舞伎とブレヒト劇　目次

第一章

ドイツにおける『寺子屋』

ケルンおよびベルリン公演（一九〇七～八）を中心として

はじめに

第二次世界大戦前、ドイツにおいて行われた日本演劇の公演は三種類ある。一つは日本人一座の日本語によるドイツ公演で、川上音二郎・貞奴一座（一九〇一〜二）や花子一座（一九〇四、一九〇九〜一〇）、筒井徳二郎一座（一九三〇〜一）、それに宝塚少女歌劇（一九三八〜九）等である。いずれも本格歌舞伎ではなく、新派俳優、元芸者、剣劇役者、歌劇団等による外国人向けの模倣歌舞伎の公演だった。二つ目はドイツ語による翻案劇で、ドイツ人の俳優によって演じられたものである。本章のテーマである『寺子屋』はこれに相当し、二〇世紀初頭にドイツ語に翻訳された後、幾種類もの翻案が出て、ドイツ各地で長期にわたり上演された。もう一つは、珍しい例であるが、ドイツ人俳優によるドイツ語の歌舞伎の紹介上演である。これは、ドイツ人が日本語の原典に依拠して翻案したドイツ語の台本を使い、化粧・衣装・道具・舞台装置も本物を用い、台詞回し・演技・浄瑠璃も本場仕込みで上演したものである。第六章で取り上げる、トク・ベルツ（日本近代医学の発展に貢献したエルヴィーン・ベルツの息子）による『仮名手本忠臣蔵』五段目・六段目のベルリン公演（一九三八）がそれである。

西洋語による日本演劇の紹介は一九世紀末から行われ、ドイツ語への翻訳としては、まずアウグスト・プフィッツマイアー、ユンカー・フォン・ランゲック、続いてカール・フローレンツがこれに携わった。その中で最も有名なのは竹田出雲ほか合作『菅原伝授手習鑑』の「寺子屋」の段の翻訳であろう。まずフローレンツによってドイツ語に翻訳され、『寺子屋または田舎塾』と題して出版されたのが一九〇〇年で、その後、ヴォルフガング・フォン・ゲルスドルフによる同名の翻案が出た。ゲルスドルフ翻案に基づき一九〇七年、ケルンにおいてドイツ初演が行われ、翌年のベルリン公演と続く。この両都市で行われた『寺子屋』上演は、日独演劇の交流史上、先駆的な位置を占めたが、その結果はさほどの反響も呼ばず、いわば実験的な試みに留まった。しかしながら、この試みは決して無意味ではなかった。なぜなら、以下で検討するように、海外で日本演劇が翻訳・翻案上演される場合の根本的な問題を提起することになったと思われるからである。

ドイツにおける『寺子屋』劇の初期公演は、このように成果を上げることはできなかったが、その後も一連の改作・翻案劇が現れ、ドイツ語圏の人々はこの日本の素材に長くこだわり続けた。たとえば、カール・オルフのオペラ『犠牲』（一九一三）、フェリックス・ヴァインガルトナーのオペラ『田舎塾』（一九一九）、クラブントの戯曲『桜祭』（一九二七）、パウル・アーペルの戯曲『黄金の短刀』（一九四〇）等が作られ、オルフのオペラを除いて上演もされた。それらはゲルスドルフ翻案よりも反響を呼んだようだ。ただし以下で述べる通り、後続作品は日本の原作およびフローレンツ訳からますます逸れて一層ヨーロッパ化が進み、エキゾチックな創作劇の色彩が濃厚なものになっていった。

本章では、まず『寺子屋』のドイツ語訳および翻案劇の代表的なものを年代順に取り上げ、それぞれの特色を概観する。その後、特にゲルスドルフ翻案による一九〇七～八年の『寺子屋』ケルンおよびベルリン公演に焦点を当て、公演がどのようなものであったのか、番付や舞台写真、舞台デザイン、新聞・雑誌記事等の当時の原資料に基づいて記述し、日本演劇の翻訳・翻案が海外で上演される意義とその問題について考察する。(1) その際、ドイツに先立って一九〇四年から翌年にかけ、当時オーストリア・ハンガリー二重帝国領だったガリチア公国のルヴフで上演されて成功を収めた『寺子屋』ポーランド語公演の場合と比較することで、ドイツ公演の特色の分析に役立てたい。(2)

一 ドイツ語による翻訳・翻案

1 カール・フローレンツ『寺子屋』(一九〇〇)

東京帝国大学の草創期、独逸文学科において主任教授を務めたカール・フローレンツ（Karl Florenz, 1865-1939）は、日本学の草分けとしても著名であり、日本の古典文学の研究に携わった。その成果の一つが、竹田出雲・並木千柳・三好松洛・竹田小出雲合作の浄瑠璃『菅原伝授手習鑑』から「寺子屋」の段をドイツ語に訳出したことである。そのドイツ語訳『寺子屋または田舎塾』（*Terakoya oder die Dorfschule*）〔以下『寺子屋』と略称〕が収められた『日本の劇、寺子屋と朝顔』（*Japanische Dramen.*

Terakoya und Asagao）は、主要場面に絵師・新井芳宗による色鮮やかな挿絵が施され、一九〇〇（明治三三）年九月一〇日、東京の長谷川商店とライプツィヒのアーメラング社から和装縮緬本として出版された。(3) この本には題名通り、山田案山子の『朝顔日記』（「宿屋」と「大井川」の段）のドイツ語訳も収められている。これより少し早く、同年一月一日に、フローレンツによる『寺子屋』のフランス語訳も出版されているが、こちらには『朝顔日記』は収められていない。フランス語版は豪華本で、わざわざ一九〇〇年のパリ万博の展示用に作られたといわれている。ドイツ語版はその後も同じ内容で版を重ねていった。

フローレンツが翻訳に際して、何を底本に使用したのかはわかっていない。彼自身、縮緬本のまえがきでも触れていないが、内容から判断して、浄瑠璃原典と共に歌舞伎も参考にしたのではないかと思われる。現在までのところ、フローレンツによるドイツ語訳そのものを使った上演は確認されていないが、彼の学問的成果から生まれたこの訳業は、『寺子屋』の本格的な西洋語翻案の嚆矢として重要な位置を占める。

まず、原作の内容を確認しておきたい。右大臣菅原道真こと菅丞相が、左大臣藤原時平の陰謀で筑紫の国に流罪となった後、弟子の武部源蔵は妻戸浪と洛北芹生《せりょう》の里に寺子屋を営み、主人の一子である菅秀才を我が子として匿っている。これが時平に知れて、源蔵は秀才の首を討って渡すよう命じられる。思案の末に源蔵は、母に連れられ寺入りしたばかりの小太郎を身替りとする覚悟を決める。旧主菅丞相を裏切り、今は時平に仕える身の松王丸は、春藤玄蕃と共に検分に現われるが、源蔵が討って差し出した小太郎の首を見て、意外にも秀才の首だと証言して帰る。源蔵夫婦は安堵するが、戻って来た小太郎の母千代の言葉と、再登場する松王丸の告白によって、旧主への忠義から、小太郎は最初から秀才の身替りに差し出されたことが明かされる。松王丸・千代夫婦は源蔵から我が子・小太郎の健気な最期を聞いて大いに泣き、野辺の送りを営む——以上である。

フローレンツは『寺子屋』のまえがきで、藤原時平と菅丞相、菅丞相家来の白太夫、その三つ子の息子である梅王丸、松王丸、桜丸、そして源蔵に菅秀才など『菅原伝授手習鑑』に登場する主要人物の人間関係を簡潔に解説している。これらの人間関係は『寺子屋』の主題を理解する上で非常に重要であるが、後に現われた一連のドイツ語翻案劇においては、往々にして無視されている。

以下、フローレンツ訳の特色を箇条書きにしてみる（人物については、他の翻案劇と同様、原作通りに漢字に統一できないものもあるので、カタカナ表記とする）。

① 筋の展開はほぼ原作通り。しかし原作に忠実な逐語訳ではなく、自由訳、さらに翻案に近いところも散見する。すなわち、原作の筋を追う形で細部は省略し、逆に、原作にない台詞や脇筋を添えていることもある。

② 人物設定はほぼ原作通り。ただし寺子の検分のところで、原作にないトクサンが登場する。

③　西洋のドラマのように場割りを行い（全一三場）、登場人物の紹介も、西洋ドラマの方法に従っている。

④　義太夫の語りの大部分は人物の台詞に取り込むか、ト書に書き換えられている。ただ一カ所、寺子の検分前の語り「のつ引させぬ釘鎹《かすがい》。……」のみを自由翻訳のレシタティーブ（叙唱）として残している。

⑤　武士が格調高く台詞を交わすところは五脚の抑揚格、イアンボス詩文で、そうでないところ（例えば子供、兵士、百姓等が登場する場面）は散文で表現されている。

⑥　チヨの子別れの場で、扇忘れを取り入れており、歌舞伎の演出を参考にしている。

⑦　ゲンバの言葉「急ぎ首打って出すや否や」を「二時間以内にシューサイの首を差し出さないと」に改めている。

⑧　マツオーの首実検について詳細な仕草指示がある。

⑨　マツオーはクワン・ショージョーの歌で再登場するが、歌舞伎のように松の短冊は投げ込まない。

⑩　マツオー夫婦はコタローの野辺送りをするが、もちろん義太夫の「いろは送り」はない。

以上のように、フローレンツのドイツ語訳は、原作の筋を追いながらも、西洋人が理解できるように省略や加筆を行っている。翻案に近い自由翻訳といえようが、原作の趣旨は十分伝わる形になっている。フローレンツのドイツ語訳が出た後、幾種類かの西洋語訳がこれに続いた。しかしそれらは、このドイツ語訳からの重訳であった可能性が濃厚である。なぜなら、原作にない既述のフローレンツの創作や工夫がほとんどすべて、それらの西洋語訳に踏襲されているからである。[4] さらにその後に現れた一連の『寺子屋』翻案劇は、このフローレンツ訳から、したがって原作の内容から、ますます逸れていった。

2 ヴォルフガング・フォン・ゲルスドルフ『寺子屋』(一九〇七)

ヴォルフガング・フォン・ゲルスドルフ(Wolfgang von Gersdorff, 1876-1936)による翻案劇『寺子屋―田舎塾』(*Terakoya. Die Dorfschule*)〔以下『寺子屋』と略称〕は、一九〇七年、ベルリン、ケルン、ライプツィヒのアルベルト・アーン社から出版された。[5] ゲルスドルフは一八七六年、ドイツ東部のマクデブルクに近い、エルベ河畔のイェーリホウという修道院町に生まれ、ベルリンおよびキールの大学に学んだ。男爵の爵位を持ち、ワイマル・ゲーテ協会会員、劇場の文芸部員かつ著述家でもあった。[6] 日本語の知識を持ち合わせていなかったようだが、『寺子屋』以外にも、『仮名手本忠臣蔵』や『曽根崎心中』等の日本の芝居、『老松』、『松山鏡』、『邯鄲』等の能を舞台用に翻案する仕事をしており、また『日本戯曲集』、『キール演劇史』等の著述もある。

ゲルスドルフは翻案劇『寺子屋』の制作に当たって、フローレンツ訳を参考にしたことをまえがきで断っている。ゲルスドルフの翻案は、主君への忠誠のために我が子を犠牲にするという劇の基本的状況において、フローレンツ訳とさほど違わない。ところが、人物の設定や性格描写、感情表現、筋の運びの段取り等が、様々な点でフローレンツ訳から、したがって日本の浄瑠璃原典から大幅に逸れていることがわかる。西洋の読者や観客の理解を考えた改変ではあろうが、これは一面、日本語と日本についての知識の欠如から来ているのかもしれない。一方、この翻案劇は全編にわたって美しい五脚のイアンボス詩文で書かれている。西洋演劇の慣習に則り、実際の上演を想定した劇場の文芸部員としての工夫であったのだろう。

まえがきによれば、『寺子屋』は一九〇七年二月某日にグラーツで完成し、同月二一日、マックス・マルターシュタイク演出の下にケルンのシャウシュピールハウス劇場で初演された。そして翌一九〇八年九月一四日には、マックス・ラインハルトが劇場監督を務めるドイツ座の室内劇場において、同翻案でベルリン初演が行われている。しかしすでに触れたように、両公演ともに、期待されたほどの成果を上げることはできなかった。特にベルリン公演は、フリードリッヒ・カイスラー、ゲルトルート・アイゾルト等の実力者が出演したにもかかわらず、はなはだ振るわなかった。しかし、このゲルスドルフの翻案劇は、原作から受け継いでいる、ある意味でドイツ人好みの主題のせいか、その後もドイツの多くの舞台に掛けられ、レパートリーに加えられて上演され続けた。

ゲルスドルフの翻案劇については、これを使ったケルンおよびベルリン公演の分析を第二、三節で行うので、ここでは同翻案の詳細な特色ならびに梗概を述べておきたい。

① 人物設定。クヮン・シューサイは追放された領主の世継。マツオーはその領主の元家来、今は別の支配者に従う大臣。ゲンゾーは領主の元傅育官（教育係）、今は寺子屋の主。原作の「涎《よだれ》くり」の役がイワマに当てられている。フローレンツ訳では原作通りに捕手が登場してゲンゾー夫婦を見張るが、ゲルスドルフ翻案では物々しく鎧兜に身を包んだ兵士が現われる。

② 人物は議論好きで、その時々の感情や思いを長々と語り、詩的空想を繰り広げる。筋の展開の細部や人物の多様な台詞の多くは、ゲルスドルフが創案したもの。

③ コタローは寺入りした時、クヮン・シューサイに殿様の子かと尋ねる。コタローの母チヨが去り際に扇忘れの口実を使うのは、歌舞伎の趣向を取り入れたフローレンツ訳の模倣。

④ クヮン・シューサイはコタローに、悪い大臣に都を追われたのかと聞く。

⑤ ゲンゾーはゲンバの兵士たちに伴われて登場する。

⑥ ゲンゾーはトナミに、クヮン・シューサイの顔を醜くするように命じる。

⑦ ゲンゾーがコタローの顔を見て喜ぶので、トナミは夫の考えを激しく非難する。

⑧ マツオーが最初から謎めいたことを言い、終始苦悩の面持ちなので、ゲンバは疑いを抱く。

寺子屋の机の数と寺子の人数が合わないので不審を抱いたゲンバは、首を討つ現場に行こうとする。

⑨　ゲンゾーは血まみれの姿で首桶を持って登場する。

⑩　マツオーは首桶を机の上に置いてひざまずく。この場の詳細なト書はフローレンツ訳そのまま。

⑪　首実検の後、マツオーは死者の弔いを願って留まり、深い悲しみの中に桶を見送る。

⑫　世継の顔を見誤りながらその弔いを願うマツオーの偽善的行為をゲンゾーが非難すると、マツオーはゲンゾーに、替え玉の策略を見抜いていたと明かす。ゲンゾーも替え玉の事情をマツオーに話す。

⑬　ゲンゾーがコタローの弔いを申し出ると、マツオーはその子供に触れてはならないと怒る。

⑭　マツオーの家来に伴われチヨが登場、子供の死に半狂乱となる。ゲンゾー夫婦はようやくマツオーとチヨが夫婦であり、コタローが彼らの子供で、世継の身替りに寺入りさせたと知る。

⑮　クワン・シューサイはマツオーから、コタローがすべて承知の上で、自分のために犠牲死を遂げたと聞かされ、亡骸の前で悲しむ。

ゲルスドルフの翻案劇はこのように、人物描写や筋の展開が自然主義的かつ感傷的で、原作ならびにフローレンツのドイツ語訳から遠く隔たっている。当時の西洋人の嗜好に投じた改変ではあろうが、そのために、ケルン（第二節）およびベルリン公演（第三節）の新聞批評でも指摘されたように、ドラマとして致命的問題を孕《はら》んでしまったようである。

〈梗概〉

寺子屋の教室では、寺子たちが二重舞台の上で机の前に座って習字をしている。イワマだけが戸の外に出て、様子をうかがう。イワマは師匠が留守であるのをよいことに、戯れ絵を描いて、それがもとでクヮン・シューサイと喧嘩になり、互いに罵り合う。これに他の寺子たちが加わり、イワマに飛びかかったり、定規で叩いたりして攻撃し、大騒ぎとなる。

そこへ上手の扉からトナミが出てきて、寺子たちに静かにするように言い、おとなしくしていたら午後は休みにしてあげようと約束する。

チヨが息子のコタローの手を引き、使用人のサンスケと共に現われる。サンスケは机と道具を持っている。チヨはコタローを寺子屋に預けようと思って来たが、師匠が留守と知ってがっかりする。トナミはコタローの寺入りを歓迎する。チヨはトナミに、コタローと同い年位の子供がいるかどうかを確認する。コタローはシューサイに、殿様の子かと尋ねる。チヨは、コタローはまだ御伽噺の世界にいるのですとその場を取りつくろい、愛し子を預けますのでよろしくと言う。トナミは、師匠の指導は厳しいが、安心して任せてほしいと応える。

師匠が戻ってこないことをチヨが残念がると、殿様の使いが来たので、師匠は役所に出向いていると、トナミは説明する。チヨはサンスケに命じて、シューサイの傍にコタローの机を置かせる。そしてコタローを引き寄せ、母としての自分を呪い、別れをたっぷりと惜しむ。コタローがついて行きたいと言うと、チヨは花を摘みに行ってくるからと答えて暇《いとま》を告げる。その後、扇子を置き忘れたなどと言ってチヨはいったん戻ってくるものの、コタローとの別れを惜しみながらサンスケと共に去っていく。トナミはコタローに、人生は厳しいものだと優しく諭し、習字の練習をさせる。

トナミが上手に去った後、寺子たちの間で会話が始まる。コタローとシューサイが都の出身であることがわかり、シューサイはコタローに、悪い大臣に都を追われたのかと尋ねて、近づく。

寺子屋の主ゲンゾーが、ゲンバの三人の兵士たち（コジマ、チンパク、サクマ）に伴われて帰宅する。ゲンゾーは舞台前面に出てきてひざまずき、仕草と表情で心の苦悩を露にするが、兵士たちの会話には加わらない。兵士たちはいろいろと議論を戦わせた末、家の中でゲンゾーを見張っているのは女々しいことだと判断し、ゲンゾーが重要な仕事を果たすまで、外で待っていることにする。

ゲンゾーは寺子たちに、手習いを休みにすると言う。子供たちと入れ替わりに、上手の扉からトナミが現われる。トナミはゲンゾーの様子がおかしいのでその理由を尋ねると、役所にはマツオーがいて、自分たちがクヮン・シューサイを匿っていることが密告されていた。家も包囲されており、首実検のためにマツオーが来るとゲンゾーは答える。さらに、マツオーはシューサイの顔をよく知っているのでごまかすこともできない。絶体絶命だとゲンゾーは言う。それに対してトナミは、弱い人間の心は揺らぎがちであるが、かつて主人に忠義であった者は必ず旧主に恩を返すもの。この人間の性を殿のために利用しない手はないと、夫のゲンゾーを説こうとする。これに対してゲンゾーは、これまで敵であったよそ者がやってきて、いくら友情を装っても、そこには嘘があり、信頼できるものではないと言い、今となっては、シューサイを醜くし、貴人の子に見えないようにするほかないと、トナミにその用を命じる。するとトナミは、新入りの寺子は身なりが良く、良家の出のようだと答える。ゲンゾーはトナミに、その子を呼ぶように言う。ゲンゾーはコタローを見るなり、その気品のある姿と顔立ちにすっかり感動し、これで殿は救われたと言い出す。トナミは夫の考えを知り、激しく非難する（その間、珍しげに見ていた寺子たちを扉の向こうに締め出す）。ゲンゾーはトナミに、コタローを隠すようにと言う。

外で待っていた兵士たちが入ってきて、隊長が間もなく来る、仕事は終わったかとただす。ゲンゾーは、鳩を絞めるようなわけにはいかない、もう少し猶予をくれと訴える。兵士たちがコタローを見て、クワン・シューサイかと言って近寄ろうとするので、ゲンゾーはトナミに、命令に従うように言い、トナミはコタローを上手の扉の向こうにやる。

ゲンバが大勢の兵士を従えて登場し、マツオーは豪華な駕籠から降りる。百姓たちが寺子となっている子供の命乞いを大声で嘆願する。ゲンバは百姓たちを追い散らそうと怒鳴るが、マツオーは待ったをかけ、クワン・シューサイの顔を知っているのは私だけだから、子供たちを一人ひとり慎重に実検すると言う。マツオーは百姓たちに自分の子供の名を呼ばせる。ゲンゾーはゲンバの登場以来、上手の扉の前で刀の柄に手をかけたまま立っている。子供たちは次々に呼ばれ、マツオーとゲンバによって首実検を受け、去って行く。

いよいよゲンゾーが世継を呼ぼうとすると、マツオーはそれを止めて、世継の早すぎる死の証人になりたくはない。しかし、あなたが為すべきことを為せば、私も証人としての仕事が果たせると謎めいたことを言い、ゲンバの疑いを買う。マツオーはゲンゾーに桶を渡し、務めを果たすようにと言って黙す。ゲンゾーはゲンバの非道を責め、私は暴力に屈するが、これによって流される血はゲンバの頭上に降りかかると言う。ゲンゾーは桶を持って隣室に向かい、トナミは嘆き悲しむ。

マツオーは内面の苦悩に耐えている様子である。帰した寺子は七人だったのに、机が九脚あることにゲンバは気付き、トナミにその理由を尋ねる。マツオーは、そんなことはどうでもよい。私しか世継の顔を知らないのだからと言うと、お前の言うことは信用できないとゲンバは言い返し、兵士に扉を開けさせて、隣室に進入しようとする。

その時、血にまみれたゲンゾーが出てきて、世継の首はこれだとゲンバに桶を差し出す。マツオーはゲンバから桶を受け取り、机の上に置いてひざまずく。マツオーの後ろには大勢の兵士、脇にはゲンゾー、前にはゲンバが刀の柄に手を当てて見張っている。上手ではトナミがしゃくり声を上げている。マツオーは桶を引き寄せ、おもむろに蓋を取り、しばらく眺めて、苦痛の表情を見せた後、クワン・シューサイの首に間違いないと答える。（この場面のト書はほとんどフローレンツ訳そのままである。）ゲンゾーは喜びの色を隠さない。

マツオーの心中が見えたと思ったゲンバは、マツオーの首実検に偽りなしと言い、彼に感謝の念を述べ、シューサイの首を持って主人のもとに馳せ参じようと誘う。これに対して、義務は果したので、後は心の命じるままに、死者の弔いをしたいとマツオーは言う。ゲンバは兵士を従えて去って行く。マツオーは深い悲しみの中に手桶を見送り続ける。

ゲンゾーはマツオーに向かい、みずからこのような不幸を引き起こしておいてそれを悲しみ、世継の顔を見誤っておいてその弔いをしようというのかと激しく軽蔑し、非難する。そして、その子供に対する権利を要求するマツオーを、相変わらず非難する。自分のなした謀を隠そうとするゲンゾーに対して、マツオーは、それを見抜いていたと明かす。それを聞き、ゲンゾーはようやく、世継を救うために別の子供を犠牲にしなければならなかった経緯と苦悩を告白し、その秘密を暴露しなかったマツオーに感謝の言葉を述べ、先の侮辱を詫びる。二人して良き殿に仕えていた昔の時代のように、ゲンゾーはマツオーと親しくなろうとするが、マツオーは自分の心の掟に従って生きようとする。そしてゲンゾーに、世継を殿のところに連れて行き、マツオーはいまも殿のことを思っていると伝えてくれと頼む。

自分たちは危険にさらされているから、一緒に逃げようとゲンゾーが誘うと、マツオーはここでまだ務めがあると言って、動こうとしない。ゲンゾーが察し、弔いの準備をするために犠牲者の子供に近づくと、その子に触れてはならないとマツオーは怒り、その子供を知っていると言う。トナミはその子供を連れてきたときの母親の様子を語るが、マツオーはいまだ自分の子供とは明かさない。ゲンゾーはこの子の死は殿に「戦い以上の勝利をもたらした」と言うと、マツオーは、「今日は私の未来が奪われた日だ」と答える。

その時、下手からマツオーの手下に伴われたチヨが登場し、その場の様子を見て全てを知る。ゲンゾーとトナミは、マツオーとチヨが夫婦であることを知る。チヨは狂ったように嘆き悲しみ、マツオーは何とか慰めようとする。ようやくゲンゾーたちは、犠牲となったコタローがマツオーの子供であり、殿の世継の犠牲として寺入りさせたことを知る。マツオーは手下に、コタローを自宅まで運ぶ棺を用意させる。世継の命を救うためとはいえ、あなたの子供を犠牲にしてしまった私が恐ろしい。心はあなたを慕いながらも、あなたのそばにいることができないとゲンゾーが言うと、あなたには感謝しなければならないとマツオーは答える。ゲンゾーも感謝する。花で飾られたコタローの棺を前に、マツオーとチヨは幼くして散ったコタローのはかない命を、悲しみと慈愛を込めて歌う。

そこへクワン・シューサイが現われ、マツオーからコタローが自分のために犠牲死を遂げたことを聞かされ、ひどく悲しむ。マツオーはシューサイに、このような犠牲的な行為に応えて、立派な気高い人になって下さいと言う。〈幕〉

3 フェリックス・ヴァインガルトナー『田舎塾』(一九一九)

オーストリアの作曲家フェリックス・ヴァインガルトナー(Felix Weingartner, 1863-1942)は、第一次世界大戦終結直後の一九一九年、主にフローレンツ訳の『寺子屋』に依拠して、ドイツ語の翻案オペラ『田舎塾』(*Die Dorfschule*)を制作し[7]、翌一九二〇年五月一三日、ウィーンの国立オペラ座で初演している。ヴァインガルトナーは作曲だけでなく、台本も書いた。このオペラはコミック・オペラ『マイスター・アンドレア』と二本立てで上演されたが、台本と音楽がよく調和していたと、大いに好評を博した。その後、イタリアやアルゼンチンなど、海外各地の公演でも成功を収めている。

以下、ヴァインガルトナーによるオペラ台本『田舎塾』の特色を述べる。

① 人物設定は、原作はもとより、フローレンツ訳からもだいぶ逸れている。ゲンバは日本の皇帝の侍従。マツオーは前皇帝の元家臣で、今は現皇帝に仕える。チヨの名はシオとなっている。クヮン・シューサイは前皇帝の皇子であり、コタローと共に一二歳位。シューサイはマツオーによって、ゲンゾーのところに連れてこられたことになっている。

② 筋の展開は、最後の場面を除き、ほぼフローレンツ訳に従っている。オペラ台本として出来事を圧縮、台詞を短く詰めている。厳粛な雰囲気は原作に近いものを感じさせる。

③ 人物の登場・退場に際しての上手、下手の使い方が日本の伝統演劇の慣習と違う場合がある。

④ 舞台上手の扉近くの壁に砥石が掛けてあり、ゲンゾーは子供を犠牲にする前に、その砥石で刀を研ぐなど、登場人物に奇異な行動が見られる。

⑤ マツオーが机の数を数え始めた時、トナミは砥石の上に掛けてある短刀を手に取る。

⑥ ゲンゾーとシオの立ち回りの後、シューサイが出てきて犠牲死を嘆くが、マツオーが登場し、これは犠牲でなく皇帝に仕える者の義務、それを息子が果たしたのですと答える。一同シューサイの前にひざまずく。

⑦ 太鼓とシンバルの演奏と共に、一同が歌をうたいながら、葬送の行進をする。

4　クラブント『桜祭』（一九二七）

一九二七年、クラブント（Klabund、本名 Alfred Henschke, 1890-1928）は、フローレンツやゲルスドルフの『寺子屋』を参考にしながら、子供の犠牲死に恋愛というモチーフを絡ませ、先行作品とは大いに異なるドラマ『桜祭』（*Das Kirschblütenfest*）を作り上げた。[8] ほぼ創作といってよいもので、ヨーロッパ人のキリスト教的な感覚に強引に引き寄せた、神話的・メルヘンチックな作品である。この作品は一九二七年一〇月三〇日、ミリヤム・ホルヴィッツ女史の演出によってハンブルクの室内劇場で初演された。自分のために犠牲死を遂げてくれた恋人コタローの愛に引かされて、クヮン自身も自殺するという、作品として根本的な矛盾があったにもかかわらず、興行的に大きな成功を収めた。『桜祭』のドイツ公演は、『寺子屋』の翻案上演として日本でも話題になり、一九三二年七月一二日には、秦豊吉翻訳で前進座出演のラジオドラマとして放送された。[9] クラブントはその他、中国種の翻案劇『白墨の輪』を書いて、一九二五年にマイセンで初演している。以下、クラブントの『桜祭』の特色を記してみる。

①　人物設定。ゲンゾーは村の教師、クヮンは一二年前に殺されたミカドの子、マツオーは暴君に仕える代官、ゲンバは暴君の家来というように、一般化されている。コタローは若い女

優の役と要求されている。

② 出来事の背景として、「今日」は桜祭の日。一二年前の今日、ミカドが今の暴君に殺害されている。

③ チヨがゲンゾーの名声を聞き、一三時間もかけてコタローを弟子入りさせに訪ねてくる。先行作品と違い、ゲンゾーがトナニ（トナミの誤記か）より先にコタローに会う。

④ クヮンとコタローとの間に友情が生まれる。二人は空想的で、生まれてこの方、互いに知り合っている気がしてならないと言う。

⑤ ゲンバが登場し、ミカドの子の首を要求して帰った後、ゲンゾーはトナニと共に、コタローを身替りにする決心をするが、その責任は神とミカドの敵にあるとする。

⑥ コタローはクヮンに、君のために死ぬことができると言う。二人は互いに愛を確かめ合った上、クヮンはコタローが少女であることを知る。

⑦ 戻ってきたチヨとゲンゾーとの立ち回りや、マツオーの再登場と告白、息子の勇敢な死に様に大泣きするなど、マツオーの首実検以降の展開が、フローレンツ訳に似ている。

⑧ 最後の場面、クヮンはコタローを愛していた、勇気で恋人に引けを取りたくないと、短刀で胸を刺して彼女の上に倒れる。

5 パウル・アーペル『黄金の短刀』(一九四〇)

パウル・アーペル(Paul Apel, 1872-1946)が初演に寄せた言葉によると、二年ほど前に『寺子屋』(フローレンツのドイツ語訳と思われる)を読んで関心を持ち、ケルン大学のカール・ニーセン教授の援助で、日本のオリジナル作品の場面展開をよく勉強した上で、全くの創作劇『黄金の短刀』(*Der Goldne Dolch*)を書き下ろしたということだ。[10] このドラマは、一九四〇年にケーニッヒスベルクで二日間初演された後、同年一〇月一二日にシャウシュピールハウスでベルリン初演が行われた。三年後のアーペルの回想によれば、[11] 九〇都市以上で上演されて反響を呼んだ。この作品の思想的な内容が時代に歓迎されたのだと思われる。以下、この作品の特色を挙げてみる。

① 人物設定は、原作やフローレンツ訳から相当逸れている。マツオーが領主で、一国の大臣。なぜかシューサイが主君フジワラの子息。このフジワラはもちろん、原作の菅丞相に相当。

② 三幕劇。時代設定は有史以前。劇の神話的な話の展開を考えてのことだろう。舞台は壱岐島。

③ マツオーと友人サクラとの会話から、マツオーが主君を倒した悪漢クルヘトシュクに服従した理由と、主君が実は健在で、その子のシューサイが三日後に祖国解放に立ち上がることが明らかにされる。

④ ゲンゾーに匿われているシューサイの首が狙われていると知り、マツオーとチヨは、シューサイに瓜二つの息子コタローを身替りとして、ゲンゾーに弟子入りさせる相談をする。

⑤ マツオーはコタローに一部始終を話す。息子はシューサイのために替え玉になるのを一度は拒むが、子供の頃からの父の教えを思い出し、全体のために犠牲になることを承諾する。

⑥ ゲンゾー宅には、トナミに相当する人物はいない。ゲンゾーは友人のウメオーと相談し、新入門したコタローを身替りにしようと決心する。

⑦ 首実検の場に運ばれてきたのはコタローの首ではなく、胸に短刀の刺さったコタローの遺体だった。マツオーの偽の証言は成功する。悪漢の家来は、ゲンゾーは裁判にかけられると言って去る。

⑧ チヨが戻り、息子のことをゲンゾーに尋ねる。避け得ぬことをなすために彼のところに行くと、胸に黄金の短刀を差し、すでに事切れていたと、ゲンゾーは答える。

⑨ マツオーが再登場し、息子がみずから命を断ったことをゲンゾーから聞き、誇らしく思うと言う。そこにシューサイが現われ、マツオーは一同の人々に三日後の蜂起を促す。一同、コタローがシューサイのため、祖国のために命を捧げたことを称えて、幕。

二 ドイツ初演（ケルン・シャウシュピールハウス）

1 公演ドキュメント

フローレンツによるドイツ語訳が『寺子屋』の西洋語訳への嚆矢であるが、これまでの調査によれば、『寺子屋』劇がヨーロッパで最初に上演されたのは、意外にもドイツではない。それは旧ポーランド領で、当時オーストリア・ハンガリー二重帝国の直轄領だったガリチアのルヴフとクラクフ（いずれも第一次世界大戦後、再びポーランド領となる）であり、一九〇四年から一九〇五年にかけてのことだった。

それから約二年後の一九〇七年二月二一日、ケルンのシャウシュピールハウス（Schauspielhaus）において、ヴォルフガング・フォン・ゲルスドルフ翻案の『寺子屋』が初演された。演出は著名な演出家マックス・マルタースタイク（Max Martersteig, 1853~1926）が行った。マルタースタイクと言えば、マンハイム、ケルン、ライプツィヒ等で劇場監督を務め、演劇の中心都市ベルリン以外の場所にあって、自然主義、様式舞台や反イリュージョニズムの舞台等、常にその時代の新しい演劇様式を追求し続けた人だった。彼は演劇学者でもあり、『一九世紀ドイツ演劇史』等の著書がある。

マルタ－シュタイクがこの日本劇を取り上げた理由は今のところ明らかではないが、ルヴフ、クラクフ公演の評判が、彼の関心を引いたのかもしれない。また一部の新聞にも触れられているが、日露戦争における日本人の活躍が記憶に新しかったせいかもしれない。当然ながら、当時流行していた日本趣味に触発されたことも考えられる。いずれにせよ、彼の生来の研究心がこの日本的素材に挑戦させたことは確かであろう。

『寺子屋』は最初、隔日ごとに上演され、徐々に回数が減っていった。これまでの調査では、同年四月四日まで上演が確認できている。第三節で述べるベルリンの場合に比べると、公演期間は比較的長く、上演回数も多かった。すでに述べたように、ゲルスドルフが翻案した韻文劇が台本に使われた。しかし一幕劇『寺子屋』の単独公演ではなく、もう一つの一幕劇であるヘルマン・バールの『哀れな愚か者』(*Der arme Narr*, 1905)と抱き合わせで、バール作品の後に上演された。

残念ながらケルン初演のプログラムはまだ見つかっていないが、初演初日(一九〇七年二月二一日木曜日)の『ケルン新聞』(*Kölnische Zeitung*)に掲載された広告によれば、

初日：ヘルマン・バール作、一幕劇『哀れな愚か者』。続いて初演：ヴォルフガング・フォン・ゲルスドルフの一幕歴史悲劇『寺子屋』(田舎塾)。入場：七時、開演七時三〇分。終演：一〇時頃。

となっている。一番目と二番目の間に二〇分から三〇分の休憩があるとして、『寺子屋』は約一時間程度の公演だったと想像される。『哀れな愚か者』は一九〇五年の作で、すでに他所でも上演されているので「初日」となっているが、『寺子屋』には「初演」(Uraufführung)と書かれている。これは、ゲルスドルフの作品としては他所に先駆けて、「当劇場が初めての上演である」という意味だ。すなわち、ドイツ初演であることを明示している。

日替わりで演目を替えるレパートリー劇場で、新聞広告によると、翌二二日(金曜日)は民衆的な演し物《だ》でジョルジュ・オーネの四幕劇『山小屋の主』、二三日(土曜日)は再び『哀れな愚か者』と『寺子屋』、そして二四日(日曜日)はシェイクスピアの五幕悲劇『ロミオとジュリエット』である。このように、しばらくの間は隔日に上演されていた。

さて、一番目のバールの作品は、一方で独善的な商人が人生の終点に近付いて、自分の徳を称えながら、不機嫌で怒りっぽい様子を描いている。また他方では、彼と対照的な二人の兄弟――若い頃に愛人のために泥棒となった兄と、才能ある音楽家であるが波乱万丈の人生のために狂気に陥ってしまった弟――を描いている。バールの意図するところは、小市民的な規範に従って品行方正に日常を送るより、たとえ転落しても人生の最高の瞬間を体験することを是とする生き方を提示することにあったようだ。『ケルン新聞』の批評によれば、作品の価値そのものより、狂気の音楽家を演じたエーミール・リントナー、商人を演じたマックス・ライツ等、人物の性格特性をリアルに演じ上げた個々の俳優の演技力に称賛が集まったという。ただしどの新聞も、この後に上演された『寺子屋』のほうがインパクトがあったと述べている。

『寺子屋』の主な配役は、マツオーをフリッツ・オーデマー（Fritz Odemar）が、ゲンゾーをオットー・ドーザー（Otto Doser）が、チヨをリーツァ・バヨーア（Riza Bajor）が、ゲンバをテオドーア・ベッカー（Theodor Becker）が演じた。面白いところは、寺子屋の生徒たちは若手の小柄な女優たちが演じていることだ。したがって、クヮン・シューサイもイレーネ・ゴート（Irene Goth）が、コタローもエミー・ヘンスゲン（Emmy Hensgen）が演じた。このケルン初演には、フリッツ・オーデマーを除いて著名な俳優は出演していない。これは翌年のベルリン初演との大きな違いである。

日本劇の上演だから、まず気になるのは舞台美術や衣装がどのようなものであったのか、ということであろう。幸いなことに、ケルン大学の演劇学資料館[12]に、ケルン初演時の舞台写真が二点保管されていた。そのうちの一点（図版①）は、マツオーの妻チヨがコタローを連れて、下男のサンスケと一緒に寺子屋にやってきた場面だと、すぐにわかる。しかし部屋の様子は、歌舞伎や文楽で知られている源蔵の住家とはおよそ掛け離れており、明治か大正時代の学校の洋風教室を思わせる。副題通り、「田舎塾」なのである。この舞台装置はゲルスドルフの翻案劇に書かれてある指示におよそ従っており、これにいくらか工夫を加えたものらしい。

例えば、下手にはいわゆる格子戸はなく、チヨたちは下手奥のガラス戸（色紙を張っているようにも

図版① 『寺子屋』ケルン・シャウシュピールハウス初演の舞台（1907）（ケルン大学演劇学資料館蔵／Theaterwissenschaftliche Sammlung, Universität zu Köln）。

見える）の入口から入ってきたことがわかる。下手の高い位置に、桟の粗く、とても障子には見えないガラス窓のようなものがある。上手には隣室に通じる扉があり、前にカーテンが掛かっている。正面奥には狭い二重舞台が設けられ、その向うに大きな窓が穿ってあり、外の風景が見えている。ゲルスドルフの指示によれば、そこの正面に座っているのがクァン・シューサイということになる。二重舞台の前には、用途はわからないが、太い竹を組み合わせた柵のようなものが取り付けられている。また、窓や戸口には簾のつもりだろうか、布を巻き上げてある。

三面の壁の下にはすべて腰板を張りめぐらしてあり、洋風の部屋の印象を強調する結果になっている。壁には書の掛け軸を何本か掛けているが、意味不明のものもみられる。さらに壁には二カ所、大きな三つ巴の紋をあしらってある（菅原道真公を崇めるのであれば、梅の紋のはずであるが）。子供たちの机は少し高すぎ、膝を立てないと使えないようなものになっている。その他、ござかどうか不明だが、敷物はいちおう敷いてあるようにみえる。この写真から見てもわかるが、花道は使われなかった。

衣装を見ると、入口に立っているチヨは着物に羽織姿、髪はいわゆる二百三高地髷《にひゃくさんこうちまげ》で明治時代の格好である。コタローは、着物というより裾の短いガウンのようなものをまとい、帯を締めている。下男のサンスケは人力車夫のような饅頭笠を被っている。また中央に立っているゲンゾーの妻トナミが着ているのは、韓国の民族衣装チマ・チョゴリのようにもみえる。

もう一点（図版②）はマツオーらによる寺子たちの面改めの場面である。中央左にマツオーがいて、右のゲンバが寺子の一人であるイズモのあごに刀の鞘を当て、面改めをしている。イズモの父親が心配そうにその様子を見ている。上手ではゲンゾーとトナミが見守っている。下手に面改めの済んだ子と親が帰宅の許可が出るのを待っている。その左には、鎧兜に身を固め、槍を持った兵士たちが立っている。主要な役の扮装であるが、男たちはみな丁髷《ちょんまげ》をつけ、マツオーはチョゴリのようなもの、ゲンバは陣羽織、ゲンゾーは長い外套を、それぞれ身に付けているのが特徴である。ゲンバと兵士たちの衣装は日本的だが、後述するベルリン公演と同様、ここでは鎧兜の兵士ではなく、軽装備の捕手が登場すべきなのである。このあたりも、翻案台本に問題があった、ということになる。

図版② 『寺子屋』ケルン初演の舞台（1907）、寺子の面改めの場（ケルン大学演劇学資料館蔵／Theaterwissenschaftliche Sammlung, Universität zu Köln）

要するに、残されている写真から、ドイツ初演の『寺子屋』の舞台は、歌舞伎や文楽の『寺子屋』とは似ても似つかないものだったということが明らかであろう。このような舞台で、マツオーの首実検も、原作とは異なるマツオーとチヨの愁嘆場も演じられたわけである。しかしながら、今から一〇〇年以上前の一九〇七年当時、ケルンのシャウシュピールハウスのスタッフに、これ以上の舞台を望むことは無理だったのかもしれない。演出を担当したマルターシュタイクとしては、舞台装置や衣装はできる限り日本のものに近付けようと努力し、ある新聞によれば、当時、ボンに学んでいた二人の日本人学生の助言を得たようである。当時の一般的な観客は、このような舞台でも、はるか極東の日本を想像してエキゾチックな雰囲気に浸り、十分満足したように見受けられる。

2　公演の反響

『寺子屋』ドイツ初演は当初、センセーションを起こすことになるだろうと大いに期待されたが、実際にはそれほどの反響を呼ぶには至らず、一定の評価と共に、いくつかの問題点を残すことになった。

肯定的な評価の第一点は、この作品の主題に関するものである。親が主君への忠誠心のために我が子を犠牲にしなければならなかった状況は悲劇的であり、観客はそこに深い感銘を受けたと報じる新聞もあった。例えば、『ケルン新聞』の批評は次の通りである。

> （……）特に我が子の柩を前にした父親の見事な愁嘆場によって、観客は非常に深い感銘を受けた。その場では、死というものに不幸ではなく勝利を見ようとする日本人の死生観が、ならびに大臣が最初の裏切りを償うために、子供を犠牲にすることで主君に対し臣下としての忠誠を果たすところが、感動的に表現されている。（*Kölnische Zeitung*, 22. Februar 1907）

この評者が言いたいのは、古き日本の社会規範と個人の置かれた運命から、やむなく我が子を犠牲にせざるを得なかった親と子の悲劇的状況が見事に描写されている、ということであろう。また『ケルン日報』（*Kölner Tageblatt*, 22. Februar 1907）には、西洋美術が日本から大いに影響を受けているのだから、劇文学だって日本から刺激を取り入れてよいはずだ、例えば最近の出来事として、日露戦争から日本人の「狂信的な祖国愛と死を恐れぬ勇敢さをわれわれは知った、『寺子屋』はまさにその忠誠心を称える歌（das Hohelied der Vasallentreue）だ」とまで書かれている。しかしながらその前後の記述を見ると、『ケルン日報』の評者も、主君に忠誠を尽くすことを称賛しながら、掛け替えのない我が子の命を犠牲に捧げる親の考え方と行為そのものを積極的に肯定しているわけではない、ということがわかる。つまり、この作品が日本の原作から引き継いでいる主題は、実のところ扱い方が非常に難しく、観客もこれに対してアンビバレントな感情を抱いたはずなのである。この問題に対して取られた対処の仕方が、次に述べる第二の評価と結びついてくる。

肯定的評価の第二点は、翻案者ゲルスドルフへの評価である。子供の死を悲しむ親の心情を強調することで犠牲死を肯定するこの日本劇の傾向を和らげたこと、そして、この悲劇をイアンボスの美しい韻文劇に仕上げることで西洋人の感覚に近付けようと努力したことを認めている。例えば、『ケルン日報』の評者は、翻案者の努力を次のように評価している。

翻案者はあれこれに変更を加え、日本のドラマの断片を一つのまとまった、わかりやすい筋の展開に仕立て上げた。彼は多くのあまりに日本的なことを和らげ、われわれの感覚に近付けようと努力した。……犠牲死を無条件に称える日本的な狂信性に代わって、感傷的に死を悼む近代的な姿が生まれている。夫婦の関係も日本的なものを残していない。このような、われわれの感覚に近付ける努力によってのみ、作品が上演可能になっていることは確かであるが、（……）〔傍点＝引用者〕。（*Kölner Tageblatt*, 22. Februar 1907）

この評者は、悲しみの感情を抑制する日本的な表現技法ではなく、子供を死に追いやってしまった親の悲嘆をより強く、より直截に表現することで、親子の悲劇的な出来事を近代の西洋人にとって演劇として鑑賞に堪え得るようにしてくれたと翻案者の功績を認め、「作品が上演可能になっている」もう一つの条件として、「全体を五脚のイアンボス詩文で綴った」ことを指摘している。そして、『ライン新聞』および演劇雑誌『シャウビューネ』の評者リヤルト・エルヒンガー（Richard Elchinger）も、言語面での貢献を次のように称えている。

ヴォルフガング・フォン・ゲルスドルフがカール・フローレンツの翻訳をもとに、イアンボス韻律の劇に改作したが、この点はかなり成功しているように思える。この作品はヨーロッパ人の感覚に近付けられており、言語表現の面でかなり美しいものがある。（*Rheinische Zeitung*,

23. Februar 1907 および *Die Schaubühne*, 14. März 1907, S.286)

それでは、指摘された問題点とはどのようなものだったのだろう。実はこれらは、先述した肯定的な評価を受けた点と表裏を成している。

問題の第一点は、旧主への忠義を果たすために、子供のコタローをクヮン・シューサイの身替りにしようとしたマツオー家側の意図と、同じ主君を戴きながら、クヮン・シューサイの身替りに新入りのコタローを犠牲に立てようとしたゲンゾー家側の決意との間には、なんらの脈絡や直接の関係がない、という点である。例えば、『ケルン新聞』はこの問題を次のように指摘する。

> そこで奇妙に感じられるのは、この大臣〔マツオー＝引用者注〕家の英雄的な意図と教師の決断との間にはまったく相互の関連がないということであり、そのため主人公の家庭が、本当に実現するかどうかわからない単なる可能性に過ぎない、不確実なことを当てにしていたということである。これはわれわれの感覚からすると、劇的構造の完璧な必然性を妨げることになる〔傍点＝引用者〕。（*Kölnische Zeitung*, 22. Februar 1907）

確かにゲンゾー家は、絶体絶命の状況だった。そして、入門したコタローとその母チヨが何者かわからないまま、コタローが他の寺子と違い高貴な顔立ちをしているというだけで、親の同意を得ることもなく、主君の若君クァン・シューサイの身替りに、コタローの首を討ってしまう。一方、敵方のマツオー家側は、ゲンゾーが置かれた八方塞がりの状況を知り尽くしている。しかも、原作から受け継いでいるように、マツオーは首実検が終わるまで、いわゆる「敵役」を通すわけであるから、ゲンゾーに本心を伝えることはできない。しかし、主君に対するゲンゾーの絶対的な忠誠心を考えると、チヨを通じて入門させた我が子コタローにゲンゾーが手を付けるであろうことは、十中八九予想がついていた。したがって、マツオー家がコタローを犠牲にしてほしいと、ゲンゾー家に直接頼んだわけではないが、この身替りが成立することは、ほぼ確実だったことになる。だから、評者が言うような「単なる可能性」でも「不確実なこと」でも決してないのである。

ただし、このような批判が出るのは、一つには、臣下が主君に対して忠誠を尽くすことを美徳として賛美しながら、他方で、そのために我が子を犠牲に供するどころか、他人の子まで同意を得ずに犠牲に供してしまうような、登場人物に共通する極端な忠君主義が、西洋の観客には理解し難いところからくるのであろう。(13) もう一つは、ゲルスドルフの翻案、特に後半部分に構造上の問題があるからだと思われる。というのも、原作を踏襲したフローレンツ訳では、首実検の後、戻ってきたチヨとゲンゾーとの立ち回りや、クヮン・ショージョーの歌によるマツオーの再登場などの効果的な趣向によって、マツオー夫婦の意図が一挙に、劇的に明らかにされる。それに対してゲルスドルフの翻案では、徐々にしか真実が明らかにならない。すなわち、コタローがゲンゾーの手で犠牲死を遂げ、首実検の後もマツオーがその場に居残り、ゲンゾーと犠牲になった子供をめぐって延々と議論を交わし、いつまでも両者（両家）の立場がもつれ続けるからだ。

指摘された第二の問題点は作品の後半に該当し、先述の場面と関係してくる。この後半部分は翻案者が西洋人の理解を促すために書き改めたところだが、この長く引き延ばされた感傷的な展開のために、かえって作品に矛盾が生じてしまっている、という点である。例えば、「多くのあまりに日本的なことを和らげ」「われわれの感覚に近付ける努力によってのみ、作品が上演可能になっていることは確かであるが」と先に褒めた『ケルン日報』が、実はその文章の最後を、「文学作品としては亀裂が生じていることを見逃すわけにはいかない」と結んでいるのである。評者はその欠点を、次のように指摘する。

それまでの筋の展開は圧倒的な悲劇性を帯びており、出来事が相互に緊密に関係して継起する。しかし犠牲死の後、ゲンゾーとマツオーの間の議論があまりに長く引き延ばされ、やりとりが延々と続いた後に、ようやくゲンゾーは、裏切り者と思われたマツオーが、主君の世継のために我が子を犠牲にしたことを知るに至る。それからなお子供の遺体を前にした母の愁嘆、夫および人生との和解のシーンがひとしきり続く。（*Kölner Tageblatt*, 22. Februar 1907）

マツオーとゲンゾーとの間の長いやりとりと、その後のチヨの狂気のような悲嘆は、失った子供に対する親の深い愛情と諦めきれない執着の念が止めどなく、かつ多弁に表現されている。これこそ、人命と個人の生き方を尊重する近代西洋人のために改変された部分であり、その功績を評価された。しかし反面において、忠君劇としては首尾一貫性のないものになってしまった、ということである。『ケルン地方新聞』も、「この話は常に首を討つ主題をめぐって展開するということを考えると、あまりに長すぎる」と述べている（*Kölner Local=Anzeiger*, 2.März 1907）。

指摘された問題の第三点は、このドラマが持っている悲劇的内容と、それを表現する技法ないし演技術の問題である。先述の評者エルヒンガーは次のように述べている。

私見を言えば、われわれの俳優たちの仕草には、例えば日本絵画の様式的な印象と比べると、どうしても西洋人としての限界が現われてしまう。日本の俳優なら当然、このアジア的な出来事に伴うリズムというものを徹底的に解釈し、表現に移すことができるだろう。われわれの表現手段で表わすと、『寺子屋』の中にある狂信的な英雄主義に、溶けない残滓《ざんし》が残ってしまうのだ。このことを十分意識するためには、日本の役者を実際に見ておく必要がある。（*Rheinische Zeitung*, 23. Februar 1907 および *Die Schaubühne*, 14. März 1907, S.286）

『寺子屋』は残酷な話でありながら、そこに描かれている人物の人間的な大きさに感動させられる一方、このような内容にふさわしい表現手段や演技術を西洋演劇は持ち合わせていないと認めざるを得ないというのだ。エルヒンガーは日本で歌舞伎を見た経験があり、『寺子屋』に含まれている、グロテスクでありながら崇高な内容を表現するためには、例えば日本の独特の身体演技が参考になるのではないかと考えていたようである。西洋人が原作の内容に近い形で上演しようと思えば、彼らの表現技術では不十分である。かといって、原作の内容を改変すれば、主題に狂いが生じ、作品構造にも亀裂が生じてしまうのである。したがって、例えば、子供の首を討つという悲惨な出来事の後、原作の千代と源蔵の立ち回り、松の短冊を投げ込んでの松王の再登場、結末のいろは送り等が、いかに優れた演劇的趣向であるかがわかるというものである。

以上、メディアで指摘を受けたこれら三つの問題点はいずれも、日本の伝統演劇を西洋言語に翻訳あるいは翻案して、西洋の舞台で上演する場合に常に直面する、基本的な問題点だと思われる。このようなケルン初演の結果は、やはり同じ翻案劇を使った翌年のベルリン初演と共通するところがある。

次は個々の俳優の演技についてである。例えば首実検の場面は、日本の歌舞伎では、親としての内心の苦悩を秘めながら悪役で通さなければならない、とされている。ところが『ケルン新聞』

（*Kölnische Zeitung*, 22. Februar 1907）によれば、マッツオーを演じたフリッツ・オーデマーは、「泣きながら」クワン・シューサイの首に相違ないと言った、とある。また、マッツオーが子供の遺体を前に悲嘆に暮れる場面で、観客はこの「小さな日本の英雄」に涙を流し、オーデマーは「大臣マッツオーとしてこの愁嘆を申し分なく見事に、高貴な単純さのなかにこの上なく気品の漂う台詞回しで語った」と伝えている。一方で、「リーツァ・バヨーアは最初、大臣夫人を美しい感性で演じたが、後の嘆き悲しむ場面になると、残念ながら全く台詞が聞き取れなくなった」。これも、悲嘆をいかに表現するべきかという技法の問題と関わってこよう。

ところが、『ケルン日報』（*Kölner Tageblatt*, 22. Februar 1907）では、マッツオー役のオーデマーは、その肥満した太鼓腹のために、悲劇的な場面を演じるのにふさわしくなかった、と批判的である。また、馴れない日本の衣装を着た俳優たちは、滑稽な印象を与えないように努めることで大変苦労した、と書かれている。その他、先程、グロテスクな内容を表現する演技術を欠いているという問題点を紹介したが、同じ論者が、「ゲンバを演じたベッカー氏は、本能的にこの線に触れているように見えた。いったん歩み始めた道を突き進んで、もっと大胆になって良かったのに」（*Rheinische Zeitung*, 23. Februar 1907）と評価している。

以上のように、『寺子屋』ケルン初演、すなわちドイツ初演は、当初期待されたような演劇的な成果を上げることはできなかった。しかしながら、「きっと『寺子屋』は、一幕劇としては多少舞台美術に費用が掛かるが、それが賄えるドイツ中の舞台を征服することになるだろう」という新聞（*Kölner Tageblatt*, 22. Februar 1907）の予言通り、その後、ゲルスドルフの翻案ばかりでなく、いくつかの翻案が現われ、何十年にもわたり、ドイツ各地の劇場で上演されることになる。したがってこのケルン初演は、様々な問題と課題を残しながら、ドイツにおける一連の『寺子屋』劇上演の、文字通り先駆的公演になったわけである。

三　ベルリン初演（ドイツ座室内劇場）

1　公演ドキュメントと資料

次に、ケルン公演の翌年（一九〇八年九月）、マックス・ラインハルト（Max Reinhardt, 1878-1943）が経営し、劇場監督を務めるベルリン・ドイツ座の室内劇場（Deutsches Theater, Kammerspiele）で行われた『寺子屋』のベルリン初演を検討してみたい。このベルリン初演を取り上げた理由はいくつかある。第一に、同じゲルスドルフの翻案を使っており、当時、ドイツで最も先端的な演劇活動を行っていたドイツ座附属の劇場での公演であるので、前年のケルン初演の場合と比較できるからである。第二に、特にベルリン初演の場合、中村吉蔵がたまたまその頃ドイツに滞在中であり、請われて『寺子屋』初演直前の舞台稽古に立会い、その時のエピソードを『最近欧米劇壇』（一九一一）の中に書き記しているからである。外国の公演に関してはもちろん、現地の新聞や雑誌の批評がその公演の様子を知る重要な資料であるが、日本演劇の翻案公演となると、やはりそれなりの知識を具えた日本人の報告があれば、より客観的な判断ができると思われる。その上、ベルリン初演に関しては、幸いにも番付、舞台デザイン、役ごとの台詞の書抜、さらに初演時と同じ演出で上演されたと思われる『寺子屋』の舞台写真が見つかっている。

当時、ベルリンの演劇界はオットー・ブラームの自然主義舞台が下火となり、新しい印象主義的な演劇形態が台頭しつつあった。その若き闘士となったのがマックス・ラインハルトである。彼はすでに一九〇一年、仲間と寄席劇場「響きと煙」（Schall und Rauch）を起こし、実験的演劇に取り組んで成果を上げていた。一九〇五年には新劇場（Neues Theater）で、回り舞台を導入したシェイクスピアの『夏の夜の夢』を上演して大成功を収め、ドイツ座の劇場監督となる。さらに一九〇六年、ドイツ座のオーナーとなり、同年、ドイツ座附属の室内劇場を開場させている。その後のドイツ座を始めとするラインハルトの華々しい演劇活動は周知の通りである。ラインハルトの舞台は演劇を文学の支配から解放し、俳優術を重視して、衣装・装置・照明・動き・音楽等と関係付けながら、ドラマ・空間・演技・観客の要素を融合する統一体を目指した。そこには、変化してやまぬ生を捉えた、独特の魔術的な舞台空間が現出したと言われている。

ラインハルトの舞台は時々、日本趣味が反映していた。その主な情報源は版画家・画家のエーミール・オルリク（Emil Orlik）だったという説が有力だ。[14] 彼は一九〇五年からドイツ座の舞台美術家として働いたが、一九〇〇年から翌年にかけて日本に滞在し、木版画技術を習得したほか、歌舞伎や能も見物し勉強していた。そのため、彼にはラインハルトに日本演劇に関する知識を提供できる用意があり、一九〇五年の回り舞台、一九一〇年の花道の導入が可能になったのであろう。一九〇八年の『寺子屋』上演の後も、同年一二月五日、同じ室内劇場において、テオドーア・ヴォルフの『誰も知らない』（*Niemand weiss es*）を上演している。これは日本を舞台にした、画家と美しい女性との悲恋物である。このとき舞台装置と衣装をデザインしたのは、やはりオルリクであった。

劇場に関して言えば、『誰も知らない』と同様、『寺子屋』を上演したのも室内劇場だった。そもそも、一九〇六年の柿落《こけら》とし興行としてイプセンの『幽霊』を上演し、その後でヴェーデキントの『春の目覚め』も取り上げているように、この舞台はラインハルトがこのような実験的演劇のために設けたものであった。いわば寄席劇場「響きと煙」の精神を受け継いだ、三〇〇程度の客席しかない小劇場だった（ついでながら「響きと煙」は、後に「小劇場」（Kleines Theater）と改称している）。『寺子屋』を上演した一九〇八年には、他にラインハルトの演出で、ホーフマンスタールの『エレクトラ』も室内劇場で上演されている。なお、中村吉蔵も述べているように、室内劇場の入場料は普通劇場の三倍以上で、客筋も特別上等であったという。[15]

さて、ドイツ座の資料館[16]には、幸いにも『寺子屋』ベルリン初演初日の番付（図版③）が保管されている。また、ほとんど同じ内容のチラシも残っている。この番付によると、一九〇八年九月一四日の月曜日にドイツ座の室内劇場で初演されており、ゲルスドルフの翻案による初演ではないので〝Zum ersten Male〟（「その劇場で初演」の意）とのみ書かれている。また、ケルン公演と同様に二

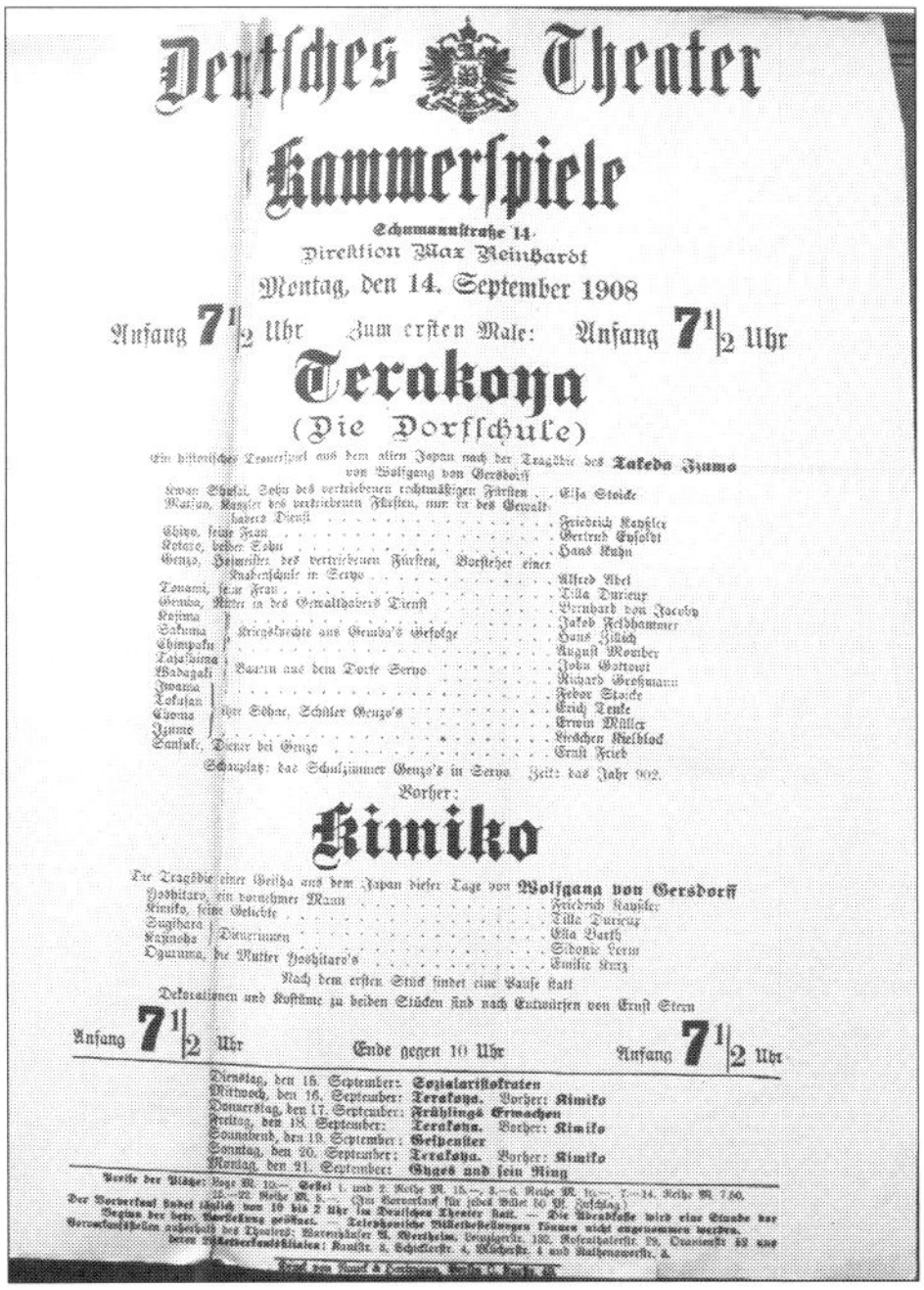

Deutsches Theater
Kammerspiele
Schumannstraße 14.
Direktion Max Reinhardt
Montag, den 14. September 1908
Anfang 7 1/2 Uhr　Zum ersten Male:　Anfang 7 1/2 Uhr
Terakoya
(Die Dorfschule)
Ein historisches Trauerspiel aus dem alten Japan nach der Tragödie des Takeda Izumo
von Wolfgang von Gersdorff

Schauplatz: das Schulzimmer Genzo's in Seryo.　Zeit: das Jahr 902.
Vorher:
Kimiko
Die Tragödie einer Geisha aus dem Japan dieser Tage von Wolfgang von Gersdorff

Nach dem ersten Stück findet eine Pause statt
Dekorationen und Kostüme zu beiden Stücken sind nach Entwürfen von Ernst Stern
Anfang 7 1/2 Uhr　Ende gegen 10 Uhr　Anfang 7 1/2 Uhr

図版③　『寺子屋』ベルリン・ドイツ座室内劇場初演初日、1908年9月14日の番付（ドイツ座資料館蔵／Archiv des Deutschen Theaters, Berlin）。

本立てで、ラフカディオ・ハーン原作、ゲルスドルフ脚色の『きみ子』(*Kimiko*)――いわくのある芸者が青年貴族の求婚を受けて断るという内容の現代劇――を一番目に上演したことがわかる。開演は午後七時三〇分、幕間に休憩を入れて、午後一〇時頃の終演となっている。

舞台装置と衣装は、舞台美術家として有名なエルンスト・シュテルン(Ernst Stern)がデザインしたと書かれている。シュテルンは先述のオルリクと共に、ラインハルトの数多くの名舞台の仕事を手掛けている。なぜ日本通のオルリクが舞台美術を担当しなかったのか明らかでないが、少なくとも日本についての情報をシュテルンに提供しているだろうことは想像に難くない。演出者は番付には書かれていないが、ドイツ座の記録によれば、ヴォルデマール・ルンゲ(Woldemar Runge)が担当したことがわかっている。[17] ドイツ座には当時、何人かの演出部員がいて、この時はラインハルトがルンゲに演出を任せたものと思われる。同時期、ラインハルトはシェイクスピアの『リア王』(九月一六日初日)、シラーの『たくらみと恋』(九月二九日初日)をドイツ座で演出中だった。

番付の予告によると、『寺子屋』はケルン公演と同様、他の演目――アルノー・ホルツの『社会貴族主義者たち』、ヴェーデキントの『春のめざめ』、イプセンの『幽霊』、ヘッベルの『ギーゲスとその指輪』等――と交替に、隔日ごとに上演されることになっていた。しかし、主要な役を著名な俳優で固めたにもかかわらず、室内劇場での公演は九回で終わっている。筆者の依頼により、ドイツ座資料館のハンス・リューベザーメ氏が当時の所蔵番付をすべて調べて確認してくれたところによれば、一九〇八年九月一四日、一六日、一八日、二〇日、二四日、二七日、一〇月二日、九日、そして四年後の一九一二年一一月二三日の、合計九回だった。公演を重ねることにならなかったように、新聞の批評には「表向きの成功」（Achtungserfolg）という皮肉な言葉が使われた。この理由については、第三項で検討することにする。

番付によると、『寺子屋』のベルリン初演の配役は、マツオーにフリードリッヒ・カイスラー（Friedrich Kayßler）、その妻チヨにゲルトルート・アイゾルト（Gertrud Eysoldt）、ゲンゾーにアルフレット・アーベル（Alfred Abel）、その妻トナミにティラ・デュリエー（Tilla Durieux）、ゲンバにベルンハルト・フォン・ヤコービ（Bernhard von Jacobi）がそれぞれ扮している。いずれもドイツ座が抱えていた若手実力者である。特に「響きと煙」旗揚げ以来のラインハルトの同志カイスラー、『夏の夜の夢』のパック役の演技で世間を驚かせた個性的なアイゾルト、『たくらみと恋』のミルフォード夫人役で定評のあるデュリエーは、当時、ドイツを代表する人気俳優たちだった。クワン・シューサイと寺子たちの一部は若い女優が演じたようだ。なお、番付を見ると、配役の最後に下男のサンスケがゲンゾー宅で雇われているように書かれているが、これは一九〇七年版のゲルスドルフの翻案に従っているわけで、一九二六年版の『日本戯曲集』に収録された『寺子屋』では、「マツオー宅の下男」と訂正されている。

ドイツ座の資料館にはさらに、『寺子屋』ベルリン初演の全配役の台詞の書抜（一八冊）が保管

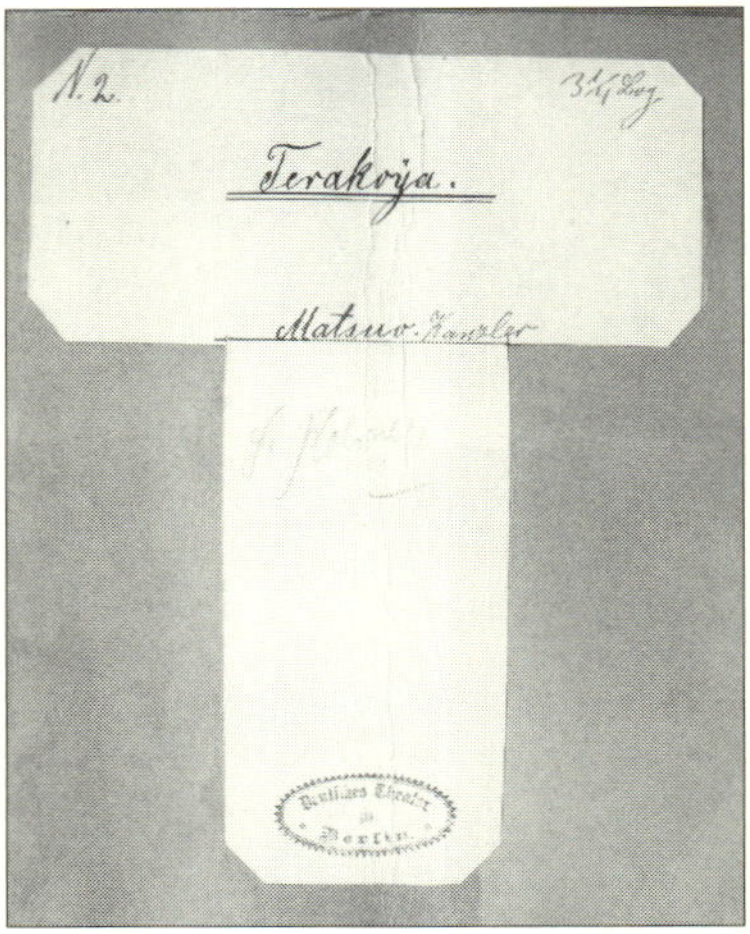

図版④　『寺子屋』ベルリン初演（1908）、マツオー（カイスラー）の書抜（ドイツ座資料館蔵／Archiv des Deutschen Theaters, Berlin）。

されている。図版④はそのうちのマツオーの書抜である。書抜に関しても資料館のハンス・リューベザーメ氏に依頼して、主要人物のマツオーとゲンゾーの分をデジタル資料でお送り頂いた。この二人の書抜の隅々にまで目を通したが、台詞とト書はすべて手書きで、その俳優の出入りや、台詞を言うきっかけを明らかにするために、自分の仕草を表わすト書と相手の俳優の最後の台詞に朱の下線を付けてあった。中身はほとんど既述の一九〇七年の印刷本（ゲルスドルフの翻案本）と変わりないが、コタローの首実検の後、マツオーとゲンゾーの長いやりとりの一部など、数カ所がカットされていて、その他は、若干の代名詞や動詞を入れ替えてある程度だった。

さて、『寺子屋』ベルリン初演の舞台美術や俳優たちの衣装、場面展開はどのようなものだったのだろうか。これらを知るための資料として、エルンスト・シュテルンが初演のために描いた舞台デザイン、一九一二年に撮影された舞台写真と共に、特に重要と思われる中村吉蔵の報告がある。

図版⑤　『寺子屋』ベルリン初演（1908）、エルンスト・シュテルンによる舞台デザイン（*»...Ich werde deinen Schatten essen« Das Theater des Fernen Ostens*, Berlin 1985, S.192）。

まず、シュテルンの『寺子屋』の舞台デザイン（図版⑤）[18]は、水彩絵の具で描かれたかのようにみえる、日本画タッチの美しい絵である。

前年のケルン初演の舞台と比べると、障子が各所にあり、壁も柱もだいぶ日本のものらしくみえる。また、柱と鴨居の組合せを見ると、日本建築を多少は勉強してあるようである。床にはござか何かを敷いてあり、その二重舞台の向うの庭先に、鳥居の遠景が見える。しかしよく観察すると、仏壇か床の間の変形か不明なものが描かれているし、不自然な構造も随所にみえてくる。人物についていえば、机が低すぎるせいか、習字をする寺子たちの姿勢が悪すぎて、老人のようだ。とはいえ、全体として見ると、日本家屋の室内の雰囲気がよく描けているし、色彩も日本的特色を捉えているように思える。ただし、歌舞伎の慣行と違って、寺子たちは観客のほうではなく、左右から舞台中央に向って座っており、遠近法を重視した部屋の構図の中に納まっている。ひょっとしたら舞台デザインとして、舞台前縁を越えて客席に向かうような演技の広がりを求めない、純粋に西洋的な額縁舞台を念頭に置いていたのかもしれない。

次は、『寺子屋』首実検の場の写真（図版⑥）である。この写真の出所と撮影時期は、やはりドイツ座資料館のリューベザーメ氏にご教示頂いた。この写真は一九〇八年の初演時のものではなく、一九一二年一一月二三日、ドイツ座の室内劇場で『寺子屋』が上演された折に撮影されたものであり、翌一二月発行の雑誌『劇場』第八号[19]に掲載されていた。ドイツ座にはその時の番付（図版⑦）が残っているので、この写真と照らし合わせることが可能である。番付によれば、第一部が「ゲーテの朗読」、第二部が『寺子屋』の公演となっている。午後三時開始のこの「マチネー」（昼間の興行）の催しは、婦人文化団体「ドイツ・ライシアム・クラブ」（Deutscher Lyceum-Klub）主催によるもので、婦人科病院建設のための慈善プログラムとして行われたようだ。ドイツ座資料館に所蔵されている番付によれば、この上演が室内劇場における最後の『寺子屋』公演だった。番付を見ると、観劇料は慈善を目的とした特別興行であるため、二〇マルク・一〇マルクとあり、五〜一五マルクだった初演時よりも特別に高額だったことがわかる。

Deutsches Theater

Kammerspiele

Schumannstraße 14
Direktion: Max Reinhardt

nachm. 3 Uhr　Sonnabend, den 23. November 1912　nachm. 3 Uhr

Matinee

veranstaltet vom Hilfskomitee des Deutschen Lyceum-Klubs zur Errichtung eines Frauenkrankenhauses unter Leitung weiblicher Aerzte.

I. Teil: Goethe-Rezitationen (Mary Dietrich, Alexander Moissi, Dr. Waldemar Staegemann u. a.)
II. Teil: Terakoya (Die Dorfschule), ein japanisches Trauerspiel von Wolfgang von Gersdorff (Gertrud Eysoldt, Elsa Wagner, Lothar Koerner, Wilhelm Prager, Eduard Rothauser u. a.)

Preise der Plätze: 20 Mark und 10 Mark

（上）図版⑥　1912年11月23日、『寺子屋』ベルリン公演、首実検の場。初演時と配役が異なる。右端がマツオー。ゲンバ（中央）と侍たちが鎧兜（*Das Theater*, Jg.4, Heft 8, Dezember 1912, S.157）。

（下）図版⑦　1912年11月23日、ドイツ座の番付（部分）。マチネーの第2部が『寺子屋』（ドイツ座資料館蔵／Archiv des Deutschen Theaters, Berlin）。

さて、『劇場』第八号に掲載された首実検の写真のキャプションには、「『寺子屋』、W・v・ゲルスドルフの芝居、ベルリン、室内劇場」と記されており、主な配役も記されている。番付と照らし合わせると、マツオーにロータル・ケルナー（Lothar Körner）、ゲンゾーにエドゥアルト・ロートハウザー（Eduard Rothauser）、トナミにエルザ・ワーグナー（Elsa Wagner）が扮し、中央の甲冑の侍（ゲンバと思われる）にヴィルヘルム・プラーガー（Wilhelm Prager）が扮していることがわかる。配役は初演時とは異なるが、初演時の舞台を想像するに当たって、十分参考になると思われる（写真には写っていないが、番付によればアイゾルトも出演しており、たぶん初演時と同様、チヨ役に扮したのであろう）。

なおこの写真は、『前衛演劇』（*TheaterAvantgarde*, 1995）所収のエーリカ・フィッシャー＝リヒテ氏の論文「異文化の演出」（Inszenierung des Fremden）[20]に掲載されているのと同一のものである。写真自体はウィーンの演劇博物館に所蔵されているものを使ったようだが、そのキャプションに「ベルリン室内劇場、一九〇八年九月一四日」と初演初日の日付が記されている。この日付が誤りであることは、前記の説明から明らかであろう。

首実検の写真は、舞台正面中央から上手に向って斜めに撮影したものであろう。舞台の様子は、障子の位置や舞台に三段があるところが違うが、全体としては部屋の造りが先述したシュテルンの絵とよく似ているように思える。ただ、ござを敷いてあるのは本格的だが、段の蹴込みにまで被せてあるのは奇妙である。人物については、右端手前で病鉢巻をしているのがマツオーで、客席を向きながら、首実検の最中と思われる。写真の右端が切れていてわかりにくいが、マツオーが机の上のほうで、何かを摑んでいるようだ。ゲルスドルフの翻案によれば、首桶を机の上に置いて蓋を開けるように指示しているので、首桶の蓋を開けているところではないかと想像される。顔を上方に向けているのは、神仏に祈るような気持ちからだろうか。右端奥がゲンゾーで、トナミと一緒に心配そうに見守っている。マツオーの頭で隠れて見えないが、腰の刀に手をあてがっているはずである。一〇〇年以上前の当時のことであり、ドイツ人の俳優だから、着物の着方が様になっていないのは仕方のないことだろう。しかしそれにしても異様に映るのは、合戦でもないのに大勢の侍が甲冑で身を固め、刀と薙刀で身構えていることだ（彼らは本来、捕手にすぎないのであるが）。実はこれも、ゲルスドルフの翻案劇の指示に従っているからなのである。

2　中村吉蔵が見た『寺子屋』

中村吉蔵が見たドイツ座・室内劇場の『寺子屋』の舞台について紹介する。中村は一九〇六（明治三九）年から一九〇九（明治四二）年にかけて欧米に遊学していた。その間に日本の新聞・雑誌に寄稿した演劇に関する見聞録をまとめて、『最近欧米劇壇』（一九一一）という本に収めている。その中に、「独逸座の寺子屋劇」という一〇頁にわたる詳細な報告がある。それによると、『寺子屋』を上演したいのでその方面に知識のある日本人を紹介してほしいと、ドイツ座のほうから日本大使館に依頼があり、その関係でベルリン滞在中の中村が協力することになった。中村は「ルング君」と会ったと書いているが、すでに述べた演出担当のヴォルデマール・ルンゲのことだろう。ルンゲの話では、「なるべく日本の風俗、人情にそむかないように演じたい」とのことだった。このような次第で、中村は初演直前の舞台稽古に立ち会ったわけである。

幕が開き、舞台の日本家屋を見た中村は、「随分お粗末すぎる」ためにいろいろ注意を与えていたところ、実は『寺子屋』の前に上演する『きみ子』の舞台だと知って驚いたという。しかし、『寺子屋』の報告では、家屋に関する記述がないので、『きみ子』とほとんど同じ装置を使ったのではないかと想像される。中村の言葉を引用すると、

障子の目が至って荒く、欄間は粗雑な格子で畳は縁なし、軒には青い真菰で編んだ簾が垂れている、その間から富士山が見える、(……)それに一方の入口の戸の、杉戸が至って大きく、重苦しい。

ということだ。ドイツ座側の「日本の家屋はこんなのか?」という質問に対して、「日本の家は今少しく美術的に出来上がっている、併し独逸の事だから、まアまアこれ位で我慢しなくてはなるまい」と答えたようだ。先に取り上げた問題の舞台写真を見ると、中村が目の当たりにした舞台面が

彷彿される（中村は現代劇『きみ子』の舞台展開も報告しているが、これは省略する）。

次に、中村が見た『寺子屋』の場面展開はどのようなものだったのだろう。幕が開いて、中村がまず気付いたのは、ケルン初演と同様に花道がなく、舞台下手奥が入口になっている、ということだった。ゲンゾー宅を訪れる人は、舞台の奥から入ってくるわけだ。花道がなかったことは、シュテルンの舞台デザインからも想像できる（ラインハルトの劇場で花道が初めて使われたのが一九一〇年、『スムルーン』上演の時）。最初の手習い場面では、洋服を着た子供が混じっていた。舞台稽古なので、着物が間に合わなかったようだ。面白いのは、「子供は皆色が白く、鼻筋が通って、あまり奇麗過ぎる、百姓の子とは受け取れぬ」と中村が書いていることだ。確かに西洋人が演じると、内容上このような不都合が生じることがある。

コタローの寺入りの場で、マツオーの妻チヨ（中村の言葉では「松王夫人」）を演じる俳優の都合が悪かったのか、演出担当のルンゲがコタローを連れて入ってきたようだ。このところで「千代も丁寧に膝を付いて会釈する」と中村は書いているが、これは「戸浪」とすべきところを、間違えたのだろう。

次に、ガヤガヤと大勢の声がして、ゲンゾーが甲冑の兵士等に取り囲まれて登場する。これは、ゲンゾーが一人で考え込みながら戻るという原作やフローレンツ訳との、大きな違いである。この時の様子について、「この源蔵の着流しは不恰好で困ったものである、それに、髪付きなどが何うにもよくうつらぬ、先ず新十郎位の処に見える」（三代目市川新十郎のことか）と中村は嘆いている。図版⑥の舞台写真でも、同じことがいえる。

そして、ゲンバとマツオーの出。ゲンバは小具足《こぐそく》に身を固め、マツオーは紫の鉢巻に金箔摺《ず》りの長羽織で出てきたようだ。マツオーの衣装はよく勉強して本式に近いものだった、また子供を検分する際にゲンバが扇で頤《おとがい》を支えていたのも「ナカナカ日本通」と、中村は褒めている。

いよいよ首実検の場であるが、ゲンゾーが刀の柄に手をかけて身構えた時、「呼吸が嵐の如く聞こえた」ようだ。またカイスラーが演じるマツオーが、我が子コタローの首を前にして、「親たる情を惜気もなく発露して、涙潸々たる趣があつた」と中村は伝えている。中村はこれに対して

これではゲンバが気取って、大いに疑問を抱くに相違無い、併し、自然的の芸風に熟している当方の俳優がかゝる一大悲惨の場を演ずるには、矢張かくしなくては甘心する事が出来まいと思う、『寺子屋』劇としては、不都合かも知れぬが、活きた人間の、活きた動作を表わすには、かくしなくてはなるまいと感じた。

と判断している。このあたりに、当時、自然主義のイリュージョニズムを克服しようとしていたラインハルトのドイツ座であっても、西洋の伝統的な演技スタイルは根強いものであったことを窺わ

せる。先述の通り、ケルンでもマツオー役者は泣きながら首実検したわけである。ゲンバが去った後、原作と違ってマツオーとゲンゾーの長いやりとりがあり、この間、マツオーは徐々に真実を告白し、ゲンゾー夫婦はその真実を知って驚くが、この後半部分について中村は次のように書いている。

松王の自白、源蔵の驚喜、一通り出来たが、松王夫人が出て来なかったので、何うにも引き立たなかった、千代はもう戸の際に、横倒れになって、正体無く終始歎き沈んである、日本の武士の妻なるものも、西洋の女優にかゝっては、全く顔色無しである〔傍点＝引用者〕。

日本人から見れば、やはり原作のように、ゲンゾーとチヨの立ち回りが欲しかっただろうし、チヨに武士の妻としての嗜《たしな》みを求めたかったであろう。他の人物もそうだが、心情を言葉や仕草で包み隠さず表現しなければ、西洋の観客は満足しないのだろう。ただし先程の寺入り場面と同様、ここでも中村は名前の混同をしているよう思われる。多分、チヨ役の俳優（アイゾルト）が病気か何かでこの舞台稽古に出演できず、後半のチヨの役割もトナミの俳優（デュリエー）が代わりに演じたからではないだろうか。

中村が見たのは本公演前の舞台稽古だったが、俳優たちは台詞を覚えるのに苦労したようで、プロンプターが盛んに台詞を言って聞かせていたという。翻案者が、西洋人が理解できるように内容と表現をどれほど改めたとしても、日本の原作から流れ込んでいる人物の感情や考え方はやはり独特であり、それを日本人独特の行為の中でドイツ語に乗せて語るのは、決して簡単ではなかったと思われる。中村は結論として次のように述べている。

総体、日本の旧演劇の一種の型の中に、西洋の自然主義的の芸風を盛ったので、生々しい血肉が、錆び付いた金網の中から食《は》み出して、血潮ポタポタと滴りそうなという風に見えた。

中村からすると、『寺子屋』はあまり成功とはいえず、むしろ現代劇の『きみ子』のほうが呑み込みやすく思えたようだ。彼は別れ際に、俳優が舞台で立ちすぎること、刀の差し方が間違っていること、ゲンゾーに袴を履かせたほうがよいことなどを、演出担当のルンゲに助言したようだ。なお中村は、『寺子屋』の初演は見ずに、当日、レッシング座で上演されていたイプセンの『ボルクマン』を見たと記述している。

3　公演の反響

それでは、『寺子屋』ベルリン初演は現地でどのような反響があったのだろうか。ケルンと同様、新聞・雑誌の記事から、評価と問題点を拾い上げてみたい。

まず、肯定的な評価の第一点は、主君に対する臣下の忠誠心による悲劇は、ゲルマンの英雄伝説に類話があり、いまなお心を引き付けるものがある、という点だ。英雄伝説の例として、『ドイツ新聞』は『ニーベルンゲンの歌』で忠臣ハーゲンが、主人の恥辱を晴らすために仇敵ジークフリートを暗殺する話や、また『ヴォルフディートリッヒ』において、老臣ベルヒブルク（ベルヒテルのことか？）は自分の息子たちが戦闘で次々に討ち死にしていくのを目の当たりにしながら、主人に気付かれないよう、すなわち主人を悲しませないがために、その度に笑顔を見せる話を挙げている（*Deutsche Zeitung*, 16. September 1908）。さらに『ベルリン日刊新聞』は、この『寺子屋』の中で描かれている忠誠心は、かつてドイツでも「臣下にとって最高で唯一の理想」と見なされていた道徳であったし（今は市民道徳が重きをなしている）、現在でも「文学的なモチーフとしてなら、われわれも歓迎できる」と書いている（*Berliner Tageblatt*, 15. September）。しかし、この忠誠心に関しては、以下で言及するように、いかに忠義のためとはいえ、親が我が子を犠牲死に追いやることの残酷さに対して批判的な意見が出されていることは、ケルン公演の場合と同様である。

評価の第二点は、舞台の日本趣味に対して一定の満足ができたという意見も見受けられた点だ。例えば『ベルリン地方新聞』は、日本趣味の舞台はマックス・ラインハルトの方針が反映しているようであるが、引き幕を使いながら花道を設けていなかったことなどの不徹底さを残念がりながら

も、

日本の絵画、屏風、そしておそらくロチの『お菊さん』に添えられたミルバックの刀の挿絵からも学んだのだろう。演者たちは敷物にしゃがんで、日本の絵画にあるような姿勢を取っていた。部屋には竹で編んだ敷物を敷き、窓には色とりどりの紙を貼り、壁には掛け軸を掛けてあり、われわれには日本人の住居空間を想像させるに十分なものであった（傍点＝引用者）。

（*Berliner Lokalanzeiger*, 15. September 1908）

と述べ、一応の評価を下している。だが、歌舞伎の『寺子屋』場面のセットでなくとも、一般の日本家屋としても、傍点部分はいかにも不自然で奇妙である（ひょっとしたら評者の無知からきているかもしれない）。このような『寺子屋』の舞台が、ドイツ人には「日本人の住居空間を想像させるに十分なものであった」としても、日本人からみれば、中村が報告している通り、きっと「随分お粗末すぎる」と感じたでことであろう。しかしながら、これが確かに当時のヨーロッパにおける日本趣味の実態であり、このような紛い物に西洋人はエキゾチシズムを感じて満足していたのだということを認めざるを得ない。

次は、『寺子屋』ベルリン初演で指摘された問題点である。ケルン初演では一方で、西洋人の嗜好に近付ける努力をした翻案者ゲルスドルフに対する肯定的な評価があったが、ベルリン初演ではむしろそれを否定的に捉える傾向が強かったようだ。

第一の問題点は、ケルン初演と同様、子供の首実検の後、ゲンゾーを相手にマツオーがあまりに長く語り、徐々に秘密を明かしていくので、犠牲の残酷さがかえって強調されることになり、そのため悲劇的な感動が弱まるという批判である。これは、子供を犠牲にせざるを得なかった親の心情を、西洋人の感性で表現しようとした部分である。例えば『フォス新聞』は、まず翻案者が日本の国にも日本語にも通じていなかったのであるから、この作品を理解するのに、日本的な部分と西洋的な部分とを区別して考える必要がないと断った上で、マツオーの演技が詳細で長すぎることを、次のように指摘している。

沈黙と暗示に包まれた彼〔マツオー＝引用者注〕の二重演技は、わずかのサインで多くを語る術を弁えた名人を要求しているが、カイスラー氏は堂々とした体格と繊細な風貌を兼ね備えており、もう少し簡潔に表現していれば、そのような名人になれたであろう。どの要素も見落とすまいとする、微に入り細にわたったこの身振りは、日本ではそれなりの根拠があるかもしれない。（……）しかしこの細かすぎるのは、かえって心に訴える印象を弱めてしまう。いくら何でも父親が、討たれた子供の首とあれほど長く関わるのを見ていられるものではない

（……）。（*Vossische Zeitung*, 15. September 1908）

子供が犠牲死を遂げた後のカイスラーの冗長な演技について、『ドイツ新聞』は「我が子を犠牲にした父親の苦悩を、あまりにも長々、得々と繰り広げ過ぎた。これは役を解剖することであって、演じることではなく、この自然主義的な分解は（……）やり切れない印象をあたえる」と批判している（*Deutsche Zeitung*, 16. September 1908）。また『ベルリン地方新聞』にも同様の意見があり、「不幸な犠牲死を悲しむ両親の気持ちは人の心を打つものであるが、あまりに詳細に描かれすぎている。われわれの感覚からすると、この犠牲は残酷すぎて、高貴な悲劇的印象を与え難い」としている（*Berliner Lokalanzeiger*, 15. September 1908）。しかし特に後者の引用文からすると、評者はそもそもこの種の犠牲を「残酷すぎて」受け入れがたく思っているようだ。評者はこの後で、例えばアブラハムが息子イサクを、アガメムノンが娘イピゲネイアをそれぞれ神の求めに応じて犠牲に供そうとしたのを、神の意思によって阻止されたのに対して、エフタの場合は、みずからの神への誓いによって娘を実際に犠牲に捧げてしまったことを「恐ろしく不自然に思われる」と述べているのである。この点はケルン公演にもみられた、受け手のアンビバレントな反応なのである。

それでは、このような悲劇的で崇高な場面の展開を表現するにはどのようにすればよいのだろうか。これに対しては、右で挙げた通り、マッツオーの演技が詳細で長すぎると批判した『フォス新聞』

が、日本の木版画に見られるような演技の様式化が必要だと述べて、ケルン初演の評者、リヒャルト・エルヒンガーとよく似た点を指摘している。

日本演劇についての私のおおよその知識によれば、こういう場面は特に絵画的な効果を、感情の高まりの様式的な固定化を狙っているものである。例えば日本の木版画は暗示的な背景に鮮明な人物像を描いているが、他方その鮮明さは、線で抽象化しているのと同様である。

(*Vossische Zeitung*, 15. September)

第二の問題点は、ドラマの展開が土壇場で涙とセンチメンタリズムに流れ、主君に対する臣下の忠誠心の悲劇が、子供のメロドラマに転化しているという点だ。すなわち、マツオーが我が子を犠牲にした父親としての苦悩を長々と分解的に演じた後、クワン・シューサイが最後に登場して、別の子供がみずから望んで自分の身替りに死んだことを知るところに、西洋の観客は抵抗を感じたようだ。『ドイツ新聞』は、自分たちと異民族（日本人）との間の関係が密であればあるほど、「微妙なニュアンスの差異はいよいよ身を切るようで、耐え難くなり、結ばれた絆を再び引き裂いてしまう。翻案者はこの点を無視してしまった」とした上で、以下のように主張する。

その報いとして、涙っぽい感傷性が背後に迫ってきて、作品の力強いイメージが涙に流されてしまいそうである。そのうえ最後には、救われた領主の世継が現われ、もう一人の少年が「知りながら、みずから望んで」自分の犠牲となって死んでいったことについて、運命に向かい、なぜこのような恐ろしい取り替えが行われたのかを問う。(……)その時、男子の忠誠心による悲劇が子供のメロドラマに転じてしまい、われわれの同情や感動と共に、われわれの反感をも呼んでしまう。(*Deutsche Zeitung*, 16. September 1908)

要するに評者は、本来の作品のテーマである忠臣の劇を徹底すべきだというのであろう。他紙では『ベルリン朝刊新聞』が、首実検とマツオーの悲劇的場面は感動を呼ぶが、最後にクヮン・シューサイが出てきて、自分はこのような犠牲を受けるに値しないと言い、その上、コタローが自分の運命を知っていたと聞かされる時、悲劇は力強さを失ってメルヘンと化すと、問題点を指摘している(*Berliner Morgenpost*, 19. September 1908)。ゲルスドルフ翻案の『寺子屋』に含まれているこの感傷的でメルヘンチックな傾向を引き出して一層膨らませたのが、先に触れたクラブントの『桜祭』である。この劇の展開は実際、子供のメロドラマのようであり、また童話のようでもある。しかしながらこの傾向はすでに、カール・フローレンツがドイツ語に翻訳する際、原作にある「我にかはると知ならば此悲しみはさすまいに。可愛の者や」という菅秀才の簡潔な言葉を、次のように膨らませた時に始まっているのである。

シューサイ　私のために、
なぜ、私のためにこのような恐ろしいことを？
ああ、犬どもが私を探し求めていると、
貴方がたが教えてくれていたなら、コタローを決して
身替りにはさせなかったものを。何て悲しいことでしょう！
貴方がたの所為で何て申し訳ないことに！[21]

フローレンツのドイツ語訳は、筋の運びにおいてはほとんど原作に忠実に従っているが、彼自身も西洋人であり、古い時代の日本人の精神の理解し難い部分は、これを合理化したり、西洋的な概念で解釈したり、あるいは原作にない言葉を補って表現している部分が多い。この点を翻案者たちが十分承知しておらず、すでに日本語の原典にあったものと誤解していた可能性がある。いずれにせよ、この箇所に限らず、『寺子屋』の西洋化はすでにフローレンツ訳から始まっていることを認識しなければならない。

第三の問題点は、『寺子屋』というドラマの内容と構成および演技に対してである。演劇雑誌『シ

ヤウビューネ』にヴィリー・ハンドル（Willi Handl）が載せた批評によると、確かに、子供を犠牲にした親の悲しみを描く感動的な瞬間はあり（異常に引き延ばされ、演技が細分化されているが）、そこは西洋人と同じ苦悩を描いており、マツオー役のカイスラーなど、俳優たちの演技も技巧的にすばらしい。しかしながら、出来事の発端は親の党派争いにあり、そこから生まれた親子の悲劇であり、親みずから我が子を生贄に捧げるなど、全体として真に人間的な内容とその必然性を伴った劇的な展開を欠くために、感動的な瞬間もただ視聴覚に訴えるだけで、心に響いてこない美術工芸品のようなものに過ぎない。したがって日本の劇をドイツ語に訳されても、その本質において体験（erleben）できない、というのである。引用が少し長くなるが、この批評家の言葉に耳を傾けてみたい。

> 心の目をもってすれば、この父親、殺された息子の悲しみに次第にさいなまれ、それに必死に堪える父親の姿しか見えない。真に劇的な瞬間であり、われわれ観客には必要な瞬間だ。しかしわれわれに人間的に関わってくる何らかの劇的な関連を欠いている。（……）この日本的な線、色彩、調子の技術は何とすばらしく繊細で軽やかなことか、あの劇的な瞬間は何と人を深く感動させることであろうか（そして長く引き延ばされていることであろうか）！　いずれの要素も不要なものはなく、それらは非常に利口に器用に組み合わされている。美術工芸品なのだ。劇場が見せているのは、今日、劇的なものを超えて成功するものなのだ。観客はそれに感嘆

するに違いない。しかしドイツ語に翻訳された日本の劇を、体験できたとは決して思わないであろう。なぜなら、われわれヨーロッパ人は、日本的なものを決して体験できないからである〔傍点＝引用者〕。(*Die Schaubühne*, 29. September 1908, S.269-271)

ハンドルの批判のポイントは、劇として必然的な展開を欠いた日本の芝居の残酷な内容に対するものであり、そのためにいくら役者が演技に技巧を凝らし、詳細に〔引き延ばして〕演じてみたところで、西洋の観客には日本人の心が伝わらず、精巧な日本の美術品のようにしか鑑賞できないという点である。[22]

この姿勢は、日本人の悲劇的心情を表現するには、演技の絵画的な様式化を必要とするという『フォス新聞』の見解や、ケルン初演について、日本の芝居の崇高でありながらグロテスクな内容を表現するためには、日本の独特の身体演技を参考にすべきだと述べたエルヒンガーの見解と真っ向から対立している。ハンドルは、ドイツ人俳優の演技にすでに十分美しい日本的技巧が備わっていると認めているが、それでは西洋人の心に響いてこないと批判する。それに対してエルヒンガーらは、西洋の俳優は日本的内容を表現するための様式や技法をいまだ身に付けておらず、それを学ぶべきだと、説いているわけである。

一般に日本の伝統演劇は、西洋演劇にみられる出来事の必然的・因果的な展開よりも、避け得ぬ運命に直面した人間の内面性を重視し、それを印象的に表現する工夫を重ねてきた。合理的な心理描写の不足を、様式や趣向による場面展開が救っているわけである。例えばこの『寺子屋』の原作では、身替りとして我が子の首が討たれるのを待つ間の松王と戸浪のやりとり、我が子の首実検をする松王の内心の葛藤と仕草、その張り詰めた空気の中で松王に対峙する源蔵、戸浪、玄蕃の振舞い、意外な展開を示す千代と源蔵の立ち回り、松の短冊を投げ込んでの松王の再登場、そして結末のいろは送り等が、極めて様式性と劇的趣向に富んでいるといえよう。

以上のように、ケルン初演と共通するところが多いが、『寺子屋』のベルリン初演においても、西洋人の嗜好に投じたゲルスドルフの翻案に基づいて、親が我が子を犠牲にするという残酷な内容を、冗長に、かつセンチメンタルに演じたために、忠臣劇としてのテーマと構造に大きな矛盾を来してしまった。日本の古典劇を西洋の舞台で上演する場合の根本的な問題が露呈したわけである。それは戯曲の翻訳・翻案の問題でもあるし、俳優の演技術、舞台全体の上演術の問題でもある。

四　ポーランド語公演の場合

ドイツ初演となったケルン公演より二年以上早く、オーストリア・ハンガリー二重帝国の領地ガリチア公国の首都ルヴフ（現在、ウクライナのリヴィウ）で、ポーランド語の『寺子屋』が上演されていた。すなわち一九〇四年一二月四日、ルヴフ市立劇場において、イェジー・ジュワフスキ（Jerzy Żuławski, 1874-1915）訳による『寺子屋または田舎塾』（*Terakoja, czyli wiejska szkółka*）が初演されている。これまでの調査では、これは『寺子屋』のポーランド語公演としてはおそらく最も早く、ヨーロッパにおける公演としても最初期に属すものであろうと思われる。他に、ポーランド語公演としては、翌一九〇五年一〇月（一〇月七日初日）に、同公国のクラクフ市立劇場で行われている。以下は、より大きな成功を収めたルヴフ公演を取り上げて検討し、ドイツ公演の問題を考える参考としたい。

なぜこの時期にこの地域で日本の芝居、しかも身替り物の『寺子屋』が演じられたのかと問う時、やはり日露戦争（一九〇四〜五）の及ぼした影響を抜きにして考えることはできないであろう。一八世紀後期のポーランド王国分割後、オーストリアの直轄領となったガリチアは、ロシア領やプロイセン領と比べて比較的緩やかな統制の下、もともと民族主義的な運動が盛んであった。そこへ日露戦争における日本の優勢が欧州に伝わり、ポーランド人の民族意識の高揚が一層促されたに違いない。特に、一九〇五年一月に第一次ロシア革命が始まると、旧ポーランド地域や東欧各地でも民族運動が活発に展開されることになる。

ところで、オーストリアの統治下にあったガリチアは歴史的な事情から、ポーランド人の他にウクライナ人、ユダヤ人、ドイツ人、ハンガリー人等、多数の民族を抱えていた。クラクフを含む西ガリチアにはもともとポーランド人が多く、首都ルヴフが位置する東ガリチアにはウクライナ人（農民）が多く住んでいたが、ここでもポーランド人の土地貴族がウクライナ人を支配していた。このようにガリチア内で政治・経済の実権を握っていたのはポーランド人だったが、彼らは彼らで他地域にいる同胞と共に、分割で失われた祖国独立の機会を狙っていたわけである。

一方、民族意識が高まっていたこの頃は、クラクフやルヴフを中心に新しいポーランド文化の運動が展開された時期に相当し、ポーランド演劇もこれに呼応する形で興隆期にあった。国民演劇を起こす運動は、祖国回復を目指す運動と並行していた。一九世紀末、旧ポーランド地域ではスター中心主義がはびこって演劇が行き詰まっていたが、ドイツのマイニンゲン劇団の来訪後、演出やアンサンブル、衣装、装置の重要性が認識された。特に演出家のタデウシュ・パヴリコフスキ（Tadeusz Pawlikowski）が、西洋諸国の進歩的な演劇から影響を受けて、クラクフ市立劇場（一八九三～一八九九）とルヴフ市立劇場（一九〇〇～一九〇六）で行った改革の功績により、国内外のレパートリーが整備され、アンサンブル・システムが導入されて、ポーランド演劇が活性化することになる。[23]

以上のような時期に、ヨーロッパの他地域に先んじて、旧ポーランド領ガリチアのルヴフとクラクフにおいて、日本の芝居『寺子屋』のポーランド語公演が行われた。ドイツ公演の場合と根本的に異なるのは、両公演とも成功している、ということである。作品のテーマに関していえば、クラクフ公演では、親が主君への忠義から子供を身替りにする内容について、残酷で必然性を欠くとして批判する声が強かった。しかし、簡潔な芝居の構成と俳優の演技力、衣装、装置等の上演術という点においては、両公演とも観客を圧倒したようである。特にルヴフにおいては、クラクフで不評を買うことになる作品のテーマも含めて、この日本劇の公演が諸手を挙げてといってよいほど称賛されているのが注目される。

ルヴフ公演に関しては、残念ながら現在までのところ、番付やプログラム、舞台写真などの直接資料は入手できていないが、公演に使われたイェジー・ジュワフスキ訳『寺子屋』の刊行本（一九〇七）は手に入れることができた。[24]以下の記述は主に当時のポーランド語新聞の記事に依拠している。[25]それらによると、一九〇四年一二月四日（日曜日）昼の一二時半から、先述のタデウシュ・パヴリコフスキが監督を務めるルヴフ市立劇場において、イェジー・ジュワフスキ訳による『寺子屋』が初演されている（この日はゲネプロで、翌日の五日を初演初日と記している新聞もあるが、ここでは次の劇場の記録に従っている）。初演時の公演番付は未入手と書いたが、『ルヴフにおけるポーランド演劇のレパートリー：タデウシュ・パヴリコフスキ監督時代の市立劇場一九〇〇〜一九〇六』[26]には、公演日、配役等のデータが掲載されている。また、ジュワフスキ訳『寺子屋』刊行本の巻末にも、初演の年月日と劇場、主要な配役が記録されているし、同書の巻頭には、初演において朗読されたジュワフスキの筆になるプロローグ（「一九〇四年記す」とある）が添えられている。『ルヴフにおけるポーランド演劇のレパートリー』によれば、『寺子屋』のルヴフ公演は一九〇四年に六回、翌一九〇五年に二回、合計八回行われたことがわかる。主な配役として、マツオー役はソルスキ、チヨ役はソルスカ、ゲンゾー役はフミェリンスキ、トナミ役はヴェングジノーヴァが、ゲンバ役はヴェングジンがそれぞれ演じた。このうちルドヴィク・ソルスキ（Ludwik Solski）はポーランド近代演劇の名優として名を馳せており、妻のイレナ・ソルスカ（Irena Solska）も実力者であった。

ルヴフ公演の反響のうち、肯定的な評価の第一点は、『寺子屋』を主君に対する忠誠心から起きる個人的な悲劇というよりは、祖国のための自己犠牲や英雄精神を鼓舞し、ポーランド人の民族意識を高揚させる作品として積極的に称賛しているところである。一九〇四年一二月七日付の新聞『日』によると、この芝居は独特の芸術的表現によって「日本的精神の特徴」を描出すると共に、ポーランド人の精神にも力強く訴えかけ、「大いなる理想のために献身する」心を彼らのうちに呼び覚ますとして、次のように述べている。

というのも、『寺子屋』において、うら若いシューサイを救わんがために、親が愛する我が子を犠牲にするのだが、そうするのは、シューサイがかつての彼らの恩人の息子だという理由からだけではないのだ。むしろ主に、シューサイが偉大なスガワラ公の子息だからであり、祖国に対する偉大な功績と偉大な精神を有する人物の息子だからであり、絶やしてはならない父の思想を継承すべき者だからなのだ。

みずからの私的な感情に対する超人的な断念と、八歳の子供ですら表わす無辺の犠牲的精神にまつわる、このモチーフこそが、この戯曲全体に何かしら崇高な、何かしら強力な、ただ感動させるのみならず、人を突き動かすような力を賦与しているものなのである。(*Dzień*, 7. grudnia 1904)

この『日』同様、『ルヴフ新聞』(日付不明)も、祖国のために立ち上がり、自己を犠牲に捧げるという崇高な英雄主義を認めてこれに共感し、「千年も昔にマツオーとその妻チヨが成し遂げた英雄的行為をしかと見届けるべき者」は「われわれ、かの『眠れる騎士たち』の子孫」である自分たち以外にないとし、自分たちこそ偉大な教えを伝えるスガワラの世継を救うために我が子を犠牲死させる「二親の胸を満たした恐るべき葛藤を感得すべきではないのか」と説き、ポーランド人の英雄的な民族主義に訴える書き方をしている(*Gazeta Lwowska*)。ここには、日本の古い封建道徳のもとで、不義理をしてきた旧主に対して、いざという時に忠義を尽くすために、最愛の子供まで犠牲に捧げなければならなかった親の悲しい運命に対して単に同情の涙を流すだけでなく、このような犠牲的行為をポーランド人としても重大な関心事として受け止め、自民族の危機を救い、その独立に有益なものとして積極的に評価しようとしているようにみえる。さらに一二月六日付の『民族新聞』では、二親と子供の犠牲的行為を全面的に称賛し、これと関連付けて、日露戦争において示した日本人の英雄精神を次のように褒め称えている。

幼子の心に吹き込まれたかかる理想を前にすれば、子を愛する母と父のかかる献身を目の当たりにすれば、極東で、模範的な英雄精神、献身、祖国愛、そして死を侮る心を見せてヨーロッパを感嘆させた、あの無名の氏族の英雄精神を、誰が不思議に思うだろうか！（*Gazeta Narodowa, 6. grudnia 1904*）

一二月五日付の『ポーランドの言葉』（*Slowo Polskie, 5. grudnia 1904*）は、ポーランド人は元来「日本に対する共感」で満たされているが、『寺子屋』は彼らを深く感動させたことで、日本精神を証明するものとして、永遠に忘れることのできない記念碑的な作品になったと、非常に好意的に評価している。また日本の武士道に触れ、「支配者によって体現される民族国家」に対する「個人の自己犠牲」を称え、それは「日本人の愛国心、彼らの強さと英雄精神」につながっているとする。その上で、この日本人の精神性がポーランド人にとって「まさに『光は東方より』という啓示になった」と言い切る。このあたりに、日本の『寺子屋』劇が他のヨーロッパ諸国に先駆けて、ポーランド語圏で上演された理由がありそうである。『寺子屋』のテーマは、世界の列強として覇権を拡大しつつあったドイツ人の場合と違い、百数十年間も祖国を失い、その回復を願っていた当時のポーランド人にとって切実で、非常にリアリティのあるものだったのだろう。それに対してドイツ人は当時、既述のように、ゲルマン時代の英雄伝説への遠い記憶を取り戻すか、せいぜい現実社会の問題とは無縁の文学的なモチーフとしてしか鑑賞することができなかったのである。

『寺子屋』のルヴフ公演を成功に導いた理由は、主君に対する忠義や祖国のための自己犠牲のテーマばかりでなく、第二の評価点として、このテーマを表現するための簡潔な劇構成と引き締まった筋の展開にもあったようだ。一二月五日付の『ポーランド日報』によれば、自己犠牲ということであれば、二年前に当地で公演した川上音二郎・貞奴一座も『袈裟《けさ》』において扱ったが、それは「あまりにメロドラマチックに演じられたがために、感動を呼ばなかった」のに対して、『寺子屋』の主題は「観る者の神経のみならず精神をも揺さぶり、骨の髄にまで染み通ってくる」ほどの「強烈な印象」を与えたとし、その理由として「高度な劇的緊張」、「戯曲の比類のない簡潔さと完結した形式」を指摘している（*Dziennik Polski*, 5. grudnia 1904）。一二月七日付の『日』も以下のように同様の点を称賛している。

竹田出雲が『寺子屋』において達成できたほどに、かくも凝縮された形式で、かつ、かくも強烈な印象を与える、かくも独特の戯曲を、ごく原始的な手段を用いて構成できる者がいるとは到底思えない。（*Dzień*, 7. grudnia 1904）

それでは、このように無駄のない「禁欲的で、集中的な筋の展開」（*Dziennik Polski*, 5.grudnia 1904）を用意したというポーランド語の台本、すなわちイェジー・ジュワフスキ訳の『寺子屋』には、どのような内容的特徴があるのだろう。『ポーランド日報』、『日』、『ルヴフ新聞』、『民族新聞』に詳細な筋書が記されており、その特徴は以下の通りである。

①コタローを寺入りさせた未知の女チヨが去った後、ゲンゾーはゲンバの家来に伴われることなく、一人で帰宅する。
②首実検の後、ゲンバたちが首を持って立ち去った後、マツオーもいったんその場を去る。
③未知の女が再登場し、自分がマツオーの妻で、コタローは自分たち夫婦の子供であったことを明かす。

④マツオーが再び登場して、子供を犠牲にした事情を明らかにし、コタローは微笑しながら首を差し出したとゲンゾーの口から語られる。

これらの要素はいずれも、既述のドイツ公演に使われたゲルスドルフの翻案劇の内容と異なる点である。さらに言うならば、原作の内容に近いフローレンツによるドイツ語訳の『寺子屋』の筋の展開に酷似しているのである。

そこでサンプリングとして、ジュワフスキ訳『寺子屋』の重要な箇所を幾つか抜き出して、関口時正教授に和訳して頂いたものを、フローレンツの独訳と比較してみたところ、ポーランド語訳は日本語原典からの直接訳ではなく、フローレンツ訳からの重訳か、少なくともフローレンツ訳の強い影響のもとに翻訳されたものであることが明らかになった。ゲンゾーが庄屋方でゲンバからクヮン・シューサイを引き渡すよう命じられたことを女房のトナミに語る件について、浄瑠璃原典、フローレンツの独訳、ジュワフスキのポーランド語訳を以下に対置してみる（文中の傍点＝引用者）。

浄瑠璃原典（竹田出雲）

汝が方に菅丞相の一子菅秀才。我子としてかくまふ由訴人有て明白。急首打て出すや否。但ふん込請け取ふや。返答いかにとのつ引ならぬ手詰。

ドイツ語訳（フローレンツ）

ゲンゾー、我らはすべてを承知しているぞ！　あいつを引き渡せ！

お前が我が子と称している男児こそ、

少年のシューサイだ。この恥しらずめ！

お前はどうしてもトキヒラの敵を守ろうとするのか？

我らは命令を受けて遣わされてきた。その命令を聞け。

お前がシューサイの首を二時間以内に

我らによこさなければ、こちらからお前の家に

押し入り、首をもらってくるぞ。

そうなれば直にも大臣様の逆鱗に触れること必定。

ポーランド語訳（ジュワフスキ）

すべてわかっておるのだ、ゲンゾー！　引き渡すのだ！　お前の家でお前の息子として育てている子供だ。それは幼いシューザイだ！――トキヒラの仇敵を守ろうなどとは、大それた奴！

お前の処へ遣わされるにあたって持参したこの命令、よく聞くがいい！　もし二時間以内に

シューザイの首をわしの手に渡さねば、わしみずからがそれを取りに、お前の家にこの者共を引き連れ、踏み込むぞ！　そしてお前は宰相殿のお怒りに恐れ戦《おのの》くがよい。殿の目を逃れられぬことは、お前もよく承知のはず！

他の箇所も同様であり、ルヴフ（およびクラクフ）公演で使われたポーランド語の『寺子屋』は、筋の展開と人物の台詞がフローレンツのドイツ語訳と著しく類似していることがわかる。特に決定的なのは、浄瑠璃原典にない寺子「トクサン」を登場させていること、さらに原典の「急首打て出すや否」のところで「二時間以内にシューザイの首を……」の台詞を使っていることであり、これらはいずれもフローレンツの創案によるものであった。既述の通り、そもそもフローレンツ訳の『寺子屋』は原典からの直訳ではなく、自由翻訳・翻案であるが、基本的に原典の筋の展開に沿っており、忠君劇のテーマ、ゲンゾーやマツオー等の主要人物の置かれた退《の》っ引きならない悲劇的状況や一連のクライマックス場面の処理の仕方は、原典からそのまま受け継いでいる。それにゲルスドルフのドイツ語翻案のように、西洋的な個人主義やセンチメンタリズムに流れるところがない。

　要するに、当時の状況を考えるならば、ポーランド人は日本の『寺子屋』を上演するに当たり、原作に近いフローレンツ訳の内容と構成自体に彼らに強く訴えるものがあったがゆえに、ドイツでの公演のように、それをあえて改作する必要を感じなかったのであろう。

いま一つ肯定的な評価として、『寺子屋』のルヴフ公演に大成功をもたらした主な理由に数えられるのは、優れたベテラン俳優が出演し、ポーランド語圏の演劇芸術として非常に高いレベルの公演となったことである。当時、ルヴフ市立劇場では、監督のタデウシュ・パヴリコフスキがポーランド演劇の近代化に努めて成果を上げており、作者の意図とアンサンブル演技を重視し、身振り・表情・衣装・装置の調和した舞台表現を目指していたが、まさにこの劇場において『寺子屋』が上演されたのであり、名優たちが円熟した演技を披露したわけである。どの新聞も特に、マツオーとチヨを演じたソルスキ、ソルスカ夫妻の優れた演技について称賛の言葉を惜しまない。例えば『ポーランド日報』は次のように述べている。

それは多くの場合、ジェスチャーだけで組み立てられた演技であったが、実に見事で、実に中庸を得ていながら、かつ表現力に溢れていた。なかなかこうした演技は目にするものではない。ソルスキ夫妻演ずるこの二つの役を見るだけでも、『寺子屋』を見る価値がある。(*Dziennik Polski*, 5. grudnia 1904)

彼らの演技の特色は、日本の歌舞伎劇を演じるというばかりでなく、専ら耐える悲劇的な役柄ということを意識してか、その内面性を主に身体言語で表現しようとするところにあったことがわかる。この点については、既述の通り、ゲルスドルフの翻案を使ったドイツのケルン公演およびベルリン公演の批評においても、俳優は同様の演技術を身に付ける必要があると指摘されたことが興味深い。ところで『日』の評者は、『寺子屋』の三つの感動的な見せ場を指摘して、それらを演じたソルスキ夫妻の演技を称えている。その一つは、母親が二度と会えないことを知りながら我が子と別れる場面、二つ目は、マツオーが我が子の首を前に内心の苦悩と闘う場面、三つ目は、経帷子《きょうかたびら》に包まれた我が子の亡骸を前に、親たちがゲンゾーから我が子の英雄的な最期を聞かされる場面である。これらの情景を名優たちは「巨匠の技」で演じたとして、次のように伝えている。

実際、ソルスキ夫妻は、この二役を、つまりマツオーとその妻チヨの役を、自分たちの最高の当たり役に数えていい。これほど完成された、これほど繊細な、そして――この場合はスタイリッシュな演技は、そう毎日舞台で見られるものではない。(*Dzień*, 7. grudnia 1904)

『民族新聞』もこれら夫妻の演技を絶賛した。ソルスキについては「その役の高度な悲劇性と緊迫感を、簡潔きわまる、しかもなおすぐれて感動的な仕方で表現した」と評し、ソルスカについては「不幸な母の愛に、筆舌に尽くし難い優しさのこもった表情を与えることに成功した」と称えている(*Gazeta Narodowa*, 6. grudnia 1904)。このように『寺子屋』のルヴフ公演に関しては、ソルスキ夫妻ほか、俳優たちの優れた演技に大いに称賛の言葉が聞かれた。しかし唯一、ゲンバを演じたヴェングジンに対してだけは、諸紙一致して酷評を下している。例えば、「その日本的を誇張しすぎたために、(……)悪趣味になってしまった」(*Dzień*, 7. grudnia 1904)、「まるで『ミカド』からそのまま抜け出てきたようで、(……)一口に言って滑稽な印象しか与えなかった」(*Gazeta Lwowska*)、「一人ヴェングジン氏だけは、その見かけも、その大袈裟な演技によっても、雰囲気を損ねていた」(*Gazeta Narodowa*, 6. grudnia 1904)というように、この役者の姿や振る舞いは、作品の厳粛な空気にそぐわぬものであった。

舞台美術や衣装については、浮世絵などの日本美術収集家で、「日本的世界に精通した」画家スタニスワフ・デンビツキが担当したが、それらは色彩的に調和のとれた絵のごとく見事な舞台面を描き出し、俳優たちの演技を効果的に引き立てていたようである。『民族新聞』は以下のように伝えている。

> 彼〔ソルスキ＝引用者注〕は、青い絹の、華麗この上ない、本物の日本衣装に身を包んでいた。一方ソルスカ女史は、桜の花を描いた枯葉色の絹の着物をまとっており、おとぎ話のように麗しかった。舞台全体の色彩のシンフォニーは、文字通り、一幅の絵のように調和がとれていた。(*Gazeta Narodowa*, 6. grudnia 1904)

さらに『ポーランドの言葉』によれば、確かに俳優の演技力は最も重要であるが、もしもこれら衣装や舞台美術から、端役の子供たちの指導に至るまで、あらゆる細部に神経を行き渡らせた舞台制作を行っていなかったら、「全体として然るべき印象を残すこともなかっただろう」というのである（*Słowo Polskie*, 5. grudnia 1904）。

以上、日本の芝居『寺子屋』のルヴフ公演は、ポーランド人の民族意識に訴える作品のテーマ、簡潔で引き締まった筋の劇的展開、ベテラン俳優の円熟した格調高い演技、細部にまで神経を行き渡らせた舞台制作など、すべての要素が相まって効果的に作用した結果、ポーランド演劇史上で稀有の成功例となったという。例えば『民族新聞』は、このように倫理的価値の高い作品を取り上げてくれた劇場監督に感謝の言葉を述べた上で、「公演は実に忠実かつ情感にあふれるもので、これほど芸術的に表現された芝居というものを、未だかつて当地の劇場が目にしたことがないばかりか、あるいは全ヨーロッパにおいても前代未聞の公演なのではないか」と褒め上げている（*Gazeta Narodowa*, 6. grudnia 1904）。さらに『ポーランドの言葉』は次のように、『寺子屋』を日本人の心と結びつけて、永遠に忘れ得ぬ作品であると言い切っているのである。

われわれの想像力を虜にし、暫《しば》しの間ながら、あまたの深い感動を体験させてくれた。この作品は永遠にわれわれの記憶に刻まれて、向後、日本精神についてわれわれがいかなることを耳にしても、必ずや想起されることになるだろう。(*Słowo Polskie*, 5. grudnia 1904)

おわりに

以上、二〇世紀初頭における日本の古典劇『寺子屋』のドイツ初演、すなわちケルン初演と、それに続くベルリン初演を直接当時の資料に当たって検討した。さらに比較のために、ドイツに先立って行われたルヴフのポーランド語公演の場合を対置した。ドイツ公演においては、優秀な演出家や俳優陣が揃っていたにもかかわらず、いずれの公演も成功とは言い難く、ポーランド語公演のように演劇史に残るような成果があったようには思えない。そこにどのような問題があったのだろうか。

第一は、上演に使われたゲルスドルフの翻案劇の問題だろう。フローレンツ訳の場合は、原作の浄瑠璃や歌舞伎の筋に従っていたから、マツオーがなぜ我が子を犠牲にしなければならなかったのかという背景的事情が、ある程度は伝わるようになっていた。しかし、ゲルスドルフの翻案劇においては人物関係の設定が一般化され、悲劇の背景が十分理解され得なかったのではないだろうか。ヨーロッパに伝承する忠誠物語を想起するだけでは、原作の悲劇性に近付くことはできなかったはずだ。そこで翻案者は、原作に描かれた日本人の心性が理解され難い分だけ、西洋人的な心情を強調し、東西の橋渡しをしようとしたようだ。それは、マツオーやチヨの言動に個人主義的な心情が露骨に現われていることからもわかる。このような措置が、当時としては東洋の戯曲が西洋の舞台に掛かるための条件だったのだろう。しかし、このように西洋人の感覚に近付けようとすることで、かえってドラマの構造に大きな矛盾を抱えてしまった。

第二は、日本の『寺子屋』のような作品に盛られたテーマや精神性を表現する手段、すなわち表現技術を持ち合わせていなかったのではないか、という問題である。演出家、舞台美術家、俳優たちは日本劇を上演するために、できるだけ本物に近付けようと努力したようだが、その知識や技術が圧倒的に不足していたのではないかと思われる。当時、マックス・ラインハルトの下には日本で修業した画家のエーミール・オルリクがいて、日本趣味が舞台に反映されていた。しかし台詞術、演技術、化粧、衣装、舞台美術など、日本演劇の表現技法をさほど熱心に学んだようには見受けられない。単なる日本趣味の域を出なかったのだろう。このように日本劇の内容を表現する技術や様式といったものを持ち合わせていなかった、あるいは創出できなかった点でも、人々に深い感動を与えるような公演にはならなかったのではないかと思われる。

これに対して、時期的にさほど違わないルヴフのポーランド語公演の場合は、条件が根本的に異なっていた。祖国の独立回復を悲願としていたポーランド人は、日露戦争が勃発した頃、日本の忠臣劇『寺子屋』と出会い、主君に対する忠誠心から我が子を犠牲にするというモチーフに、自民族の危機を救うための英雄悲劇の理想を読み取ろうとした。あの時代状況の中で、ドイツ人とは違い、このドラマに強いリアリティを感じ取ったようだ。それはモチーフばかりでなく、使用された翻案劇にも関係していた。ポーランド語公演には、原作の筋の展開に近いフローレンツのドイツ語訳を下敷にした翻案劇が使われた。それは簡潔で緊密、かつ劇的な構成を特色とし、筋の運びもゲルスドルフのドイツ語翻案と違って、涙とセンチメンタリズムに流れるところがなかった。さらに当時の批評を読むなら、主役を演じたのは当代随一の名優であり、劇の内容にふさわしく格調高く、崇高なパトスを伴う演技ができたことがわかる。その結果、日本の古典悲劇がポーランド演劇史に残るような成功を収めることになったわけである。

しかしながら、このように諸条件が整った外国での日本劇公演というのは、稀有のことなのではないだろうか。日本の伝統演劇の翻訳・翻案作品が外国で上演される場合、すでに指摘したような問題点は常に起きがちで、むしろ根本的と言ってよい。すなわち二〇世紀初頭、日本の『寺子屋』がドイツでドイツ語によって上演されることで、日本的な要素と西洋的な要素が融合する方向がみられたというよりも、それぞれの特徴が乖離して、際立ち合ったといえるだろう。この公演によって、東西の演劇文化の差異がはっきりと現れ出たのではないかと思われる。最初に触れたように、その後、『寺子屋』の翻案劇がドイツ語圏でいろいろ制作、上演され、興行として成功を収めることもあったが、しかしそれらの試みはドイツ演劇の発展に寄与したとは言い難いのである。『寺子屋』という作品には、親が旧主に対する忠誠心から直接、我が子を犠牲にするほかにもう一つ、同主君に対する忠誠心からであるが、大人が他人の子供を犠牲にするというモチーフがある。後者は後年、能『谷行』を翻案したブレヒトの『イエスマン』の基本的状況（教師が自分の生徒を犠牲にする）に意外に近いのではないかと思われる。『イエスマン』の制作は、日本の原作から特異なテーマと表現技法を借用することで、叙事演劇という新しい様式の開発につながっていった。第二章ではブレヒトと歌舞伎との関係を扱うが、日本の伝統演劇を受容することによって、『寺子屋』の翻案・上演で明らかになったような問題点をある意味で克服し、西洋演劇に一定の創造的な刺激をもたらすには、例えば、後の時代のブレヒトによる叙事演劇の開発を待たねばならないのである。

注

（1）すでにIngrid Schusterが、„Die ersten Wirkungen des japanischen Theaters in Deutschland", *arcadia* 7, 1972, S.293-296の中で、作品論として『寺子屋』のドイツ語翻案劇の基本的な問題点を取り上げている。またErika Fischer-Lichteは„Inszenierung des Fremden. Zur (De-) Konstruktion semiotischer Systeme", in : *TheaterAvantgarde*, UTB 1807. A.Francke Verlag, Tübingen und Basel 1995, S.195-199において、一九〇八年の『寺子屋』ベルリン公演の問題に記号論的に言及しているが、この論者の説については、注22に記したように、なお議論の余地がある。本章は二〇〇六年九月二三日に行われた、西洋比較演劇研究会（日本演劇学会分科会）のシンポジウム「寺子屋の東西」（於：成城大学）での筆者の発表「中村吉蔵が見たドイツの『テラコヤ』」に、大幅な加筆修正を加えたものである。

（2）ポーランド語資料（戯曲、劇評）については、東京外国語大学の関口時正教授がご多忙の中、翻訳の労をお取りくださった。関口教授のご厚意に深く感謝申し上げたい。

（3）*Japanische Dramen. Terakoya und Asago* übertragen von Prof. Dr. Karl Florenz. C.F.Amelangs Verlag, Leipzig u. T.Hasegawa, Tokyo 1900.

（4）これまでの筆者の調査によると、イェジー・ジュワフスキによるポーランド語訳（注24を参照）、ヘンリク・フォグルによるポーランド語訳（*Terakoya albo szkoła wiejska*, Tłómaczył Henryk Fogl, Lwów—Złoczów 1905）、フセヴォロド・メイエルホリドによるロシア語訳（*Теракойя, пер.Вс.Э.Мейерхольда*, 1909）、M・C・マーカスによる英訳（*The Pine-Tree. Matsu.* A Drama, adapted from the Japanese by M. C.Marcus. New York: Duffield & Company, 1916）は、いずれもフローレンツのドイツ語訳からの重訳である可能性が高い（マーカスの場合、日本語から直接翻案したと断っているにもかかわらず）。二〇世紀初頭、フローレンツのように言語的にも学問的にも日本の文学・文化に通暁した西洋人は極めて少なく、また著作権に対する意識も低かったようだ。なお、メイエルホリドによるロシア語訳は一九〇九年にペテルブルクで上演されたが、タイプ印刷のままで、刊本にはなっていない。

（5）*Terakoya. Die Dorfschule. Ein historisches Trauerspiel aus dem alten Japan nach der Tragödie des Takeda Izumo* von Wolfgang von Gersdorff. Verlag von Albert Ahn, Berlin-Cöln-Leipzig 1907.

（6）*Wer ist's?*, hrsg. von H. A. L. Degener. 6. Ausg., Leipzig 1912.

（7）*Die Dorfschule. Oper in einem Akt nach dem altjapanischen Drama „Terakoya"* von Felix Weingartner. Universal-Edition, Wien-Leipzig 1919.

（8）*Das Kirschblütenfest. Spiel nach dem Japanischen* von Klabund. Phaidon-Verlag, Wien 1927.

（9）秦豊吉訳、前進座出演によるラジオドラマ『寺子屋』の放送については、海外における歌舞伎の伝承について研究を進めておられる国立国会図書館司書監の大塚奈奈絵氏からご教示いただいた。

（10）Paul Apel: *Zwei Spiele. Hans Sonnenstössers Höllenfahrt, Komödie. Der Goldene Dolch, Schauspiel.* Wilhelm Andermann

Verlag, Wien 1943.

（11） *Ibid.*, S.195.

（12） Universität zu Köln, Theaterwissenschaftliche Sammlung, Schloß Wahn, Burgallee 2, 51127 Köln.

（13） Ingrid Schuster は前掲論文（*a.a.O.*, S.294）において、ゲルスドルフの翻案劇が西欧人の理解を阻んだ原因を二つあげている。一つは劇の前史、菅原道真と松王丸、源蔵など主要人物のこれまでの関係についてよく知られていないこと。もう一つは日本の原作から受け継がれている主君に対する徹底した忠誠心だとする。しかし当時の批評ですでに指摘されていた構造の問題については言及していない。

（14） Birgit Ahrens: *Emil Orlik (1870-1932) und das Theater: „dem die Bühne ist der Spiegel der Zeit"* (Kieler kunsthistorische Studien, N.F., Bd. 1).Verlag Ludwig, Kiel 2001, S.66f.

（15） 中村吉蔵『最近欧米劇壇』博文館、一九一一年、三〇七～八頁参照。

（16） Deutsches Theater Berlin, Bibliothek u. Archiv, Schumannstraße 13a, 10117 Berlin. 二〇〇六年八月一五日にドイツ座資料館を訪れ、『寺子屋』ベルリン初演に関する所蔵資料のことで、同館のハンス・リューベザーメ氏にいろいろお世話になった。ご協力に心より感謝申し上げたい。

（17） Heinrich Huesmann: *Welttheater Reinhardt. Bauten, Spielstätten, Inszenierungen*. Prestel-Verlag, München 1983, S.380.

（18） *»...Ich werde deinen Schatten essen« Das Theater des Fernen Ostens*. Akademie-Katalog 145 (Ausstellung der Akademie der Künste in Zusammnenarbeit mit der Berliner Festspiele Gmbh/Horizonte '85. 9. Juni bis 11. August 1985). Akademie der *Künste/Frölich* & Kaufmann, Berlin 1985, S.192.

（19） *Das Theater*, Jg.4, Heft 8, Dezember 1912, Berlin, S.157.

（20） Erika Fischer-Lichte, *a.a.O.*, S.234f.

（21） Japanische Dramen, *a.a.O.*, S.36.

（22） Erika Fischer-Lichte は前掲論文において、このハンドルの批評に基づきながら、ドイツ座の『寺子屋』演出は、因果的な時間的継起から解き放たれた、感情の高揚を伴った瞬間の、引き延ばされた「主観的時間」を舞台に実現し、観客も批評家もこの新しい試みを「日本的」として受け入れようとしたが、結果として理解されず、「新しいドラマ」の成立には至らなかったとしている。確かに、現実の時間の経過に左右されない「主観的時間」の表現は日本の伝統演劇の特色の一つであるが、果たしてそれが意識的にベルリンの舞台に表現されていたのかどうか。『寺子屋』後半部の引き延ばされた「主観的時間」に関しては、実は翻案者の全くの創作なのであり、原作の方は反対にメリハリが利き、引き締まった、簡潔な場面展開となっているのである。

（23） Heinz Kindermann: *Das Theatergeschichte Europas. X. Band. Naturalismus und Impressionismus. III.Teil.* Otto Müller Verlag, Salzburg 1974, S.109-117.

（24） Takeda Izumo, *Terakoja czyli wiejska szkółka. Historyczny dramat japoński w jednym akcie*, przeł. Jerzy Żuławski, Herman Altenberg, Lwów 1907. 同書はウィーンのオーストリア国立図書館（Österreichische Nationalbibliothek, Josefsplatz 1, A-1015 Wien）のご協力で入手できた。

（25）『寺子屋』のルヴフおよびクラクフ公演に関するポーランド語新聞は、クラクフのヤギェウォ大学図書館（Biblioteka Jagiellońska, al. Mickiewicza 22, 30-059 Kraków）より入手することができた。

（26） Barbara Maresz, Mariola Szydłowska: *Repertuar teatru polskiego we Lwowie. Teatr Miejski pod dyrekcją Tadeusza Pawlikowskiego 1900-1906*. Kraków 2005, s.141.

第二章

ブレヒト『男は男だ』と
筒井歌舞伎

はじめに

ベルトルト・ブレヒト（Bertolt Brecht, 1898-1956）が叙事演劇の確立を目指し、その実験的試みとして、能『谷行』の翻案劇『イエスマン』、『ノーマン』を書き、日本演劇への関心を強めていた頃である。欧州を巡業中の日本のある一座がベルリンを訪れ、一九三〇年一〇月と翌三一年一月の二回にわたって公演を行った。アントニー・タトロウは著書『鬼の面――中国と日本の文学・演劇・思想に対するブレヒトの反応』（一九七七）[1]の中で、ブレヒトがこの一座の歌舞伎風の芝居を見ているというエリーザベット・ハウプトマンの証言をもとに、ブレヒトが『男は男だ』（一九二六）を改作の上、一九三一年二月、ベルリン国立劇場でみずから演出上演した舞台表現には、日本の一座から受けた刺激の跡があると指摘した。以来、ブレヒトと歌舞伎の関係について言及する人が内外に現われた。[2]タトロウは名指していないが、ブレヒトが見た日本の一座とは、新派・剣劇の筒井徳二郎一座のことだった。

では、ブレヒトが筒井一座から刺激を受けたとして、筒井徳二郎とはどのような役者で、ブレヒトが目の当たりにした舞台とはどのようなものだったのか。このことは今日まで詳らかにされてこなかった。そこでまず、筒井の経歴と役者像および彼が行った海外二二カ国巡業の全貌について、筆者のこれまでの調査に基づいて述べることにする。[3]その上で、当時の新聞・雑誌記事を拠り所に、筒井一座のベルリン公演の内容や反響の様子を明らかにするとともに、上演用に改作された『男は男だ』の一九三一年版において、ブレヒトが一座から刺激を受けた可能性を探る。さらに、この作品にもともと備わっていると思われる歌舞伎的技法との類似点を指摘することで、ブレヒトが筒井一座の芝居と出会ったことの意義を考えてみたい(4)。

1　筒井徳二郎の経歴

今日、筒井徳二郎（一八八一〜一九五三）の名を知る人はほとんどいない。筒井は欧米各地で歌舞伎風の芝居（および剣劇）を演じて反響を呼んだが、もともとは新派役者で、大正後期から昭和初期にかけては剣劇団を率い、関西・中京を中心に西日本で活動していた。関西劇界では古くからその名を知られ、どんなジャンルもこなす演技の確かな実力者だったが、全国的には無名に近かった。そのため、演劇正史には出てこない役者である。以下の筒井の経歴と海外巡業の全貌は、筆者の十数年の調査によって明らかになったことである。

筒井徳二郎（本名・徳治郎）は一八八一（明治一四）年一〇月八日、大阪府（当時）西区新町通に生まれた。母は新町の芸者、父は材木商の一七代目筒井徳右衛門。筒井家は秀吉時代から続く大阪材木商の老舗だった。一八九七年、この大店の息子が一六歳の時に奉公先を抜け出し、芝居の一座に潜入しているのが見つかり、勘当となる。その後、関西新派の福井茂兵衛に入門。筒井が師事した福井は川上音二郎と行動を共にした新派最古参の一人で、門下には喜多村緑郎、村田正雄、熱海古舟、木村猛夫等、錚々《そうそう》たる役者がいた。

筒井が最初に資料に現われるのは、一九〇〇年四月一日より大阪・弁天座、佐藤歳三一座の『捨小舟』に出演した時である。芸名は千島小二郎。一九〇四年、日露戦争に歩兵として従軍、南山の戦いで九死に一生を得る。帰国後、成美団において幹部に昇進、一九〇五年七月より大阪・朝日座で、福井、喜多村、秋月桂太郎、小織桂一郎等と共演する。その後、一九〇七年から一九一三(大正二)年頃まで、朝鮮、満州、台湾を巡業し、旅から旅に明け暮れた。この間、数多くの役者と出会い、創作劇、翻訳物や翻案劇、喜劇などさまざまな芝居を演じ、役者としての修業を積んだ。例えば『己が罪』、『不如帰』、『乳姉妹《ちきょうだい》』、『新ハムレット』、『オセロ』等のほか、新旧合同公演で『絵本太功記』、『寺子屋』等の歌舞伎にまで手をつけている。

一九一五年頃から一九一八年頃までは、都築文男、花園薫等と組んだり、山田九洲男一派の連鎖劇に出たりして関西中心に活動する。一九一九年三月末、神戸で国松一《はじめ》のトンボ会に参加、芸名を千島小二郎から筒井徳二郎に改めている。同年九月末、大阪・弁天座において関西新派の花村幹雄、芸術座出身の辻野良一、三好栄子等と新声劇(松竹専属)を旗揚げした。当初、新派の一座だったが、翌年八月、澤田正二郎の新国劇を脱退した中田正造、小川隆等が参加するに及んで、剣劇専門の劇団に変貌していく。筒井が創立したこの劇団は、新国劇に対抗する関西の代表的剣劇団として、一九三三年まで存続する。

一九二一年に新声劇を出た後、筒井は一九二三年に新たに剣劇の一派を起こし、常に八〇名以上の大一座を率いて、名古屋を拠点に西日本各地で活躍した。『近藤勇』、『江藤新平』、『大石内蔵之助』、『河内山宗俊』等、講談や歌舞伎に新工夫した幕末維新史劇や髷物《まげもの》を得意とし、新国劇以上に激しい殺陣を売り物とした。筒井の芝居のモットーは観衆に喜ばれることであり、舞台装置や仕掛けにも新しい趣向をこらしていた。それは、一種のレヴュー劇の感があった。剣劇が下火となる一九二八（昭和三）年頃から、山口俊雄等の新潮座（松竹専属）に所属し、弁天座、角座等の舞台で再び新派劇に出演するようになる。

一九三〇年一月、筒井はロサンゼルスの興行会社から招待され、一座二二名を率いて海外巡業に旅立つ。大恐慌の最中、米欧二二カ国を巡って反響を呼び、「世界の剣劇王」とまで称えられた。しかし、帰国後はその評判が仇となったか、次第に振わなくなる。一九四一年、溝口健二監督の映画『元禄忠臣蔵』に大野九郎兵衛役で出演したのが役者としての最後だった。晩年は京都の嵯峨嵐山で映画俳優の卵たちの面倒を見ながら過ごし、一九五三（昭和二八）年八月四日、七一歳で没する。

このように、筒井は関西の新派俳優であり、剣劇では関西宗家の立場にあったが、常に進取の気に富み、翻訳劇もやれば歌舞伎も新解釈で手掛け、「芝居の生き字引」「芸達者」で通っていた。かつて二世市川左團次一座にいて、筒井と『勧進帳』で巡業したことがある元歌舞伎俳優は筆者に、筒井について「あれほど器用で巧い役者を他に知らない」「歌舞伎について知らないことはないほど精通していた」と証言した[5]。旅興行であるとはいえ、このように関西劇界の実力者で歌舞伎通の役者が、海外巡業に打って出たわけである。海外における筒井一座の反響を考える場合、このことを忘れてはならない。

2 海外巡業の全貌

筒井徳二郎の海外巡業は、ロサンゼルスの日米興行株式会社の招待で実現した。社長の安田義哲《よしあき》は、ニューヨークの檜舞台でアメリカ人を相手に日本の芝居を見せることが長年の宿願だった。そこで、どんな芝居もこなす芸達者の筒井に白羽の矢を立てたようである。一九三〇（昭和五）年一月一四日、筒井一行二二名（男性一三名、女性九名）は、日本郵船の大洋丸で横浜を出帆、ハワイ経由で同月二九日、サンフランシスコに到着した。一行の主なメンバーは筒井を団長に、山田好良、泉一作、山中實、三桝清、千草桃代、森肇、菊地靖祐、御園艶子、上野一枝、岡田須磨子、赤木徳子、辻十九二、岩田英一、吉田實等。元からの筒井一派に加え、京阪神を中心に新規に集めた混成一座だった。

瀬踏みとして二月にロサンゼルスのフィゲロア劇場、そして三、四月は、目的のニューヨークのブース劇場とロキシー劇場で公演したが、いずれも成功とはいえなかった。しかし、ニューヨークで思いがけずパリの興行師アルノール・メッケルの目に留まり、欧州公演が実現する。五月、パリ・ピガール座の公演が大成功して、欧州中から公演契約の申込みが殺到。その後、ベルギー、ノルウェー、スウェーデン、デンマーク、イギリス、スペイン、スイス、ドイツ、チェコ、ハンガリー、オーストリア、オランダ、イタリア、エストニア、フィンランド、ラトビア、ポーランド、ルーマニア、ユーゴスラビアの諸国を巡業し、各地で反響を呼ぶ。欧州巡業も日米興行の手で行われた（日本人マネージャー一名とアメリカ人監督一名が同行）。こうして米欧二二カ国、七十余カ所で公演し、(6)一九三一（昭和六）年三月二二日に筒井を除く座員はナポリを出港し、四月二四日に神戸に到着した。筒井は単身モスクワを訪れ、シベリア経由で四月一五日に下関に着いている。

このように、筒井徳二郎一座は世界恐慌の最中の一年三カ月の間に、海外二二カ国を駆け巡り、王侯貴族から一般庶民に至るまで何十万もの人々に感銘を与えることができた。そればかりでなく、現代演劇の創成に関わった西洋の著名な前衛演劇人たちも一座の芝居に啓発され、あるいは、演劇改革のための刺激を汲み取ろうとした形跡がある。例えば、フランスのジャック・コポーやシャルル・デュラン、ドイツのエルヴィーン・ピスカートアやベルトルト・ブレヒト、ロシアのフセヴォロド・メイエルホリド等である。このことは今日すっかり忘れ去られているが、東西演劇の交流史において記憶されるべきことであろう。

筒井一座が海外で上演したものは、歌舞伎の翻案と剣劇だった。渡米前には宝塚国民座の責任者で内外演劇に通じた坪内士行（坪内逍遙の養嗣子）から演し物の指導を受け、アメリカ公演では滞米十数年の屈指の舞踊家である伊藤道郎に脚色・演出を依頼した。そして渡欧後は、台本も書ける筒井が演し物の按配をした。レパートリーは歌舞伎の翻案『恋の夜桜』（『鞘当』）、『京人形』、『勧進帳』、『光秀』（『太功記』十段目）、舞踊『狐忠信』、『面踊』、『元禄花見踊』、『祭り』のほか、剣劇の『影の力』（『国定忠治』外伝）、『武士道』等であった。

一座はこの中から三、四本ずつ組み合わせてその公演地の演目とし、外国興行という理由から、たいていは「カブキ」と銘打って公演した。日本語の通じない海外各地で好評を博したが、そのために一座は様々な工夫を重ね、特別な上演方法を取った。すなわち、①すべて日本語で上演したが、その都度、現地語のプログラムを用意し、開演前に現地の俳優が公演内容を現地語で説明する、②西洋人のために筋の単純化、身体言語による黙劇化を図り、エキゾチシズムを強調、かつ日本演劇のエッセンスが伝わるように工夫する、③見せ場をレヴュー式につないで作品を圧縮、全体の公演時間を二時間程度と短くし、観客を飽かせない工夫をする、などの方法である。筒井一座の海外での反響も、偶然に降ってわいたものではなく、このような工夫と苦労の積み重ねの上に得られたに違いない。

海外巡業のレパートリーと個々の演目については他所で詳述したので[7]、ここでは一座の代表的な演目『恋の夜桜』、『勧進帳』、『影の力』に絞って特色を述べる。

まず、『恋の夜桜』は歌舞伎『鞘当』を海外公演用にアレンジしたものだ。筒井一座の場合も、一人の花魁をめぐって二人の武士――不破伴左衛門と名古屋山三――が口論のうえ決闘に及ぶのを女が止めに入る、という単純な内容だった。パリ公演のプログラムによると、江戸吉原のエキゾチックな風景を髣髴させるためか、花魁道中を見せたり、按摩、酔客、辻占い、新内流し等、現行の歌舞伎にない人物を登場させたりしている。しかし、一座の改変の特に際立ったところは、止め女が遊女を桶の中の水に映る月に譬《たと》えて仲裁する趣向であった。すなわち、「遊女というものは一人の男が独り占めするものではない（……）。桶の水に映る月を指差して、月が映って見えるのは水があればこそ、遊女が美しいのも吉原にいるからで、色里を離れてはただの女子(8)」と、二人の武士に説いて聞かせるところだ。現行歌舞伎にある「粋」「通」「野暮」の説明より、はるかに知的・合理的で、西洋人には理解しやすかったのではないか。この遊女を桶の中の水に映る月に譬える趣向は、後述するブレヒトの演劇にもみられる、歌舞伎的な見立ての手法に通じるものがある。

筒井一座の『勧進帳』は、能の『安宅』と歌舞伎十八番の『勧進帳』をつき混ぜたような作品であった。海外で上演した中で唯一、台本が部分的に見つかっている(9)。この台本とプログラムを合わせて読むと、まず台詞が口語であること、義経・弁慶一行が頼朝にではなく平家に追われているという前提となっていること、義経の奥方が登場し稚児に変装していること、能の『安宅』のように、義経が強力（荷物持ち）に変装するのを見せること等が、現行歌舞伎と異なる。特に第一場の松原の場で、弁慶がまず安宅の関へ掛け合いに出かけ、後から義経と家来が乗り込んでいく件は、一九〇四年一一月に歌舞伎座で上演された『安宅』によく似ている。(10)また、関所の様子を松葉掻く里の童に聞くことなども、長唄の所作事『隈取安宅松《くまどりあたかのまつ》』にみられるようである。(11)平家に追われているなど、少し乱暴な改変がないではないが、全体としては単純明快、それなりに根拠のある筋立てであった上に、外国人が見るということを配慮した改作歌舞伎であったように思われる。(12)

海外で最も評判が良かったのは、筒井一座得意の剣劇『影の力』だ。これは国定忠治外伝の『日光円蔵《にっこうのえんぞう》』を、海外公演用に特別に仕組んだものである。百姓の倅忠治は峠の茶店の娘つゆと言い交わすが、父の庄屋卯左衛門が飢饉に苦しむ百姓を救うため国の領主に直訴して殺され、許婚のつゆも領主にさらわれてしまう。忠治は犯人を知らないまま復讐にはやるが、黒装束の影の人、日光円蔵（父の親友）が現われ、剣術が上達してから目的を果たすように説き、父の形見の刀を手渡す。その後、剣の使い手としても人間としても成長した忠治は、影の人から父の敵を教えられ、領主の館に乗り込んで、影の人の援助で父の仇を討つ。許婚のつゆも救出する。特に西洋の観客を感動させたのは、忠治が峠の茶屋で父の亡骸を発見して嘆き悲しみ、父を背負って舞台を去る場面であり、さらに忠治が最後に領主の館に乗り込んで父の仇を討つ殺陣の場面も、剣さばきの鮮やかさとスリリングな筋の運びで観客を圧倒した。

3　ベルリン公演の反響

一九二八年の二世市川左團次の訪ソ公演後、ドイツでは左團次、中村鴈治郎、市村羽左衛門など、歌舞伎招聘の話が色々と持ち上がるが、やがて立ち消えになった。一九三〇年に入り、二世市川猿之助の渡欧がいよいよ実現するかにみえたが、これも報酬の問題で頓挫してしまった。こうした左團次や猿之助の渡欧の噂がきっかけとなり、ドイツでは日本演劇の来訪を強く待ち望むムードが高まっていた。そのような状況の中に、筒井徳二郎一座が欧州巡業の途次、ベルリンを訪れたわけである。当時のベルリンは世界第一級の演劇人が集まる、非常に水準の高い演劇都市だった。にもかかわらず、一座はそのような厳しい鑑賞眼を持った多くの人々の前で高い評価を受けることになる。

筒井一座の第一回ベルリン公演は一〇月三日、西部劇場（Theater des Westens）において初日を開け、九日までの一週間行われた。夜八時に開演し、俳優のルードルフ・アーメントが一座の紹介と、演目の解説をドイツ語で行った。プログラムによると、演目はロンドン公演以来の『恋の夜桜』（*Liebe zur Kirschblütenzeit*）、舞踊三種『狐忠信』（*Fuchstanz*）、『面踊』（*Maskentanz*）、『元禄花見踊』（*Volkstanz*）、さらに『影の力』（*Die schlummernde Vorsehung*）、『勧進帳』（*Über die Grenze*）だった。

新聞によれば初日は、ベルリン中の劇場支配人や主な演劇人が招待されていたという。欧州演劇界の大御所である演出家のマックス・ラインハルトを始めとして、斯界の錚々たるメンバーが陣取って見物した。政治演劇の泰斗エルヴィーン・ピスカートア、そして後述のように、若きベルトルト・ブレヒトも筒井一座の芝居を見ていたのだ。その結果、「今シーズン他に例がないほどの成功を収めたことが、そこに数多くいたベルリン演劇界の指導的な人々を考え込ませることになった」（*Germania*, 4.Oktober 1930）というのである。

ベルリン市民が目の当たりにしたのは、一流所の歌舞伎ではなく、新派・剣劇の旅回り役者の芝居であった。それにもかかわらず、著名な批評家たちは一様に諸手を挙げて、日本の一座の芝居と演技術を称賛し、ベルリン公演の成功を称えたのである。当時のドイツを代表する演劇評論家ヘルベルト・イェーリングも、「長年、ベルリンの劇場で見た芝居の中で、最も啓発されたものの一つである」（*Berliner Börsen-Courier*, 4. Oktober 1930）とまで言い切った。

初日早々これほどの評判を得た筒井一座であったが、日本通の専門家から〝彼らは本物の俳優ではない〟という非難の手紙が新聞社に寄せられた（*Berliner Tageblatt*, 4.Oktober 1930）。しかしこのような批判を受けながらも、筒井一座の芝居は演劇人や文化人ばかりでなく、多数の一般市民にも深い感銘を与え、大きな成功を収める結果になった。その反響の大きさは、入手できている新聞記事の多さ（二一種の新聞、約四〇の関係記事）、主要新聞が割いているスペースの大きさが物語っている。日本の一座の来訪がベルリン市民にとっていかに文化的に重大な出来事であったかがうかがい知れよう。

筒井一座の第二回ベルリン公演は三カ月後の翌年一月八日から一五日までの八日間、ノレンドルフプラッツ劇場（Theater am Nollendorfplatz）において行われた。プログラム[13]によれば演目を一新し、『春の踊り』（*Japanische Tänze: Frühlingstanz*）、『武士道』（*Bushido*）、『光秀』（*Mitsuhide*）を舞台にかけた。第二回公演は、第一回の反響に応えて実施されたに違いないが、新聞によれば、芸術的にも興行的にも、前回ほどの成果を上げることができなかった模様である。

では、ベルリンの人々は筒井一座の芝居になぜそれほどの感銘を受けたのか。批評家エドゥアルト・グーデンラートの言葉がこの辺の事情を端的に説明している。

　われわれは日本語の知識を欠いているので、言葉の作用というものはほとんど皆無というに等しかったにもかかわらず、観客はすっかり出来事の虜になり、強烈な印象に心を奪われてしまった。このように演劇の、すなわち純粋にシアトリカルなものの力が体験されたわけで、これこそ公演の夕べの大きな体験だった。素晴らしいリズムで結び合わされた動きと音と色彩からなる世界が、観客の眼前に提示されたのだ。（*Tägliche Rundschau*, 5. Oktober 1930）

すなわち、ベルリンの観客を魅了したのは、従来のリアリズム演劇の言語による心理描写とは全く異なった、シアトリカリティと「見せる芝居」だったわけである。批評家たちの指摘によると、一座の芝居は身体演技を軸として、色彩・舞踊・軽業・音楽・言葉等、多様な芸術要素から成り立っていた。しかもそれらの要素が独特のリズムで結合されていたがゆえに、観客に印象深い舞台を提供できたというのだ。批評家アルトゥーア・エレッサーは、「ここに登場するような日本人役者は、舞踊家、歌手、剣術家であり、サーカスで厳しい訓練を受けたアクロバット芸人である」（*Vossische Zeitung*, 5.Oktober 1930）と評している。このあたりは、ロシアの前衛的な演出家フセヴォロド・メイエルホリドが「見世物小屋」（一九一二）という論文の中で、西洋の過去のマイム役者、道化師、軽業師、吟遊詩人等の職人芸的な技芸の復活の必要を説いているのを思わせる。(14)

しかし、このようなシアトリカリティは日本の伝統演劇の特色の一つであるとはいえ、一座の場合、海外公演用に身体言語による黙劇化を意識的に図った結果でもあった。批評家たちの言葉による限り、この点の認識が十分ではなかったようだ。基本的な状況は、かつての川上音二郎一座や花子一座の場合と変わらなかったと思われる。

一方、ヘルベルト・イェーリングは筒井一座の芝居に「身振りの見せ場」を指摘し、それを巡礼が訪ねる霊地になぞらえて説明している。

これらの役者は身振りの見せ場〔mimische Stationen〕を演じる。巡礼コースの霊地〔Stationen〕は時を経ても変わらず、（……）すべての巡礼者はそこを訪れると、必ず同じ動作をして、同じようにひざまずき、同じように立ち上がって行く。それと同じように、これらの芝居と役柄においてもすべての見せ場が伝統的に固定されているように見え、役者は世代を超えてそこで定められた演技をして先に進む。（……）彼らは繰り返し同じ鉄の規則に従って登場する。そして大変に感動的なのは、彼らがこの規則を満たしながら、それを生き生きと保ち、それを流れの中に保ち続けることである（（ ）＝引用者注）。（*Berliner Börsen-Courier*, 5.Oktober 1930）

巡礼者が霊地を訪れると、みな同じ動作をして去って行くが、同様に、筒井一座の見せ場と身振りも世代を超えて固定されているようにみえるとし、演技の「型」のようなものに言及する。そして日本の役者は「繰り返し同じ鉄の規則に従って登場し」、「それを生き生きと」、かつ「流れの中に保つ」と言っている。この固定的な演技に関して、ある新聞が「どの仕草も、（……）寸分たがわず、毎晩同じ場所で行われるのだ。気分の違いや気まぐれというものがない」（Berliner Herold, 12-18. Oktober 1930）と、役に対する役者の真摯な姿勢を指摘しているが、この点は一座のパリ公演を毎日熱心に見続けた演出家ジャック・コポーの見解と酷似している。[15]

いま一つ、作家で批評家のクルト・ピントゥスによれば、役者たちの身体と顔の表現は、人物の内面を視覚化する手段であると共に、その芸術的な造形性によって、日本の木版画のように鮮やかな表現力を持つというのだ。「訓練された身体と顔の筋肉は、（……）あらゆる内面の動きを外面の動きで純粋に視覚化するための手段でもある。（……）彼らの顔面はいつも、日本美術の頂点である木版画と同様、仮面のように鋭く鮮やかな表現力を持っている」（*Acht-Uhr- Abedblatt*, 4.Oktober 1930）。そのような身体的表現技法を、彼は「伝統によって様式化された、容赦のないリアリズム」と呼ぶ。この指摘は一座のパリ公演を見た演出家シャルル・デュランの見解に近いものがある。[16]

それでは、個々のシーンや役者たちの演技は、ベルリン市民の眼にどのように映ったのだろうか。最も人気を博したのは一座得意の剣劇『影の力』で、ベルリン公演の成功を決定付けた。特に第一場、三桝清扮する忠治が、領主に殺された父の遺体を見つけて苦悩する場面が、観客をすっかり釘付けにしたという。ピントゥスは三桝のいわば「身振り表情のソロ」を、「苦悩の全段階を表わす何十もの仮面を次々に取り替えるかのよう」（前掲紙）だったと形容している。また松竹キネマの城戸四郎の従弟で、日独混血のジャーナリスト野原駒吉は、この場面を「ただ下座の笛の音だけが、瀕死の小鳥のようにすすり泣き、舞台には歌舞伎の醍醐味がみなぎっていた」（*Berliner Zeitung am Mittag*, 4.Oktober 1930）と評した。

ピントゥスによると、山田好良という役者が第二場で、追剥ぎに襲われた旅の老人の嘆きを、「いわば朽ち果てた肉体のように、ただもう哀れにしゃがみ込むことで描写する術を心得ていた」（前掲紙）という。フリッツ・エンゲルはこの役者について「そのまま西洋の舞台に移っても何ら違和感がない」（*Berliner Tageblatt*, 4.Oktober 1930）と、その普遍的な人物造形を指摘している。またこの芝居の幕切れで、筒井演じる円蔵が犠牲の切腹を遂げるところに称賛が集中していた。

舞踊では『狐忠信』のフォックス・ダンスも筒井が踊って好評だったが、『三つ面子守』のように、ひょっとことおかめの面を次々に取り替える森肇のマスク・ダンスはそれ以上に好評だった。森は演技の達者な役者で、大阪の旧劇の出身だったとのこと。なお、歌舞伎『鞘当』の翻案『恋の夜桜』で止め女を演じたのは、右記の山田好良であり、関西新派の女形だった。これまで筒井一座には女形がいなかったとされているが、この際訂正しておきたい。筒井一座には女優と共に、二人の女形がいたのだ（もう一人は岩田英二）。

全体をまとめてみると、ベルリンの人々は、筒井一座の芝居は演劇として非常に刺激的で、啓発されるところ大であると感じたようだ。特に一座のシアトリカルな芝居では、多様な芸術的要素のモンタージュが印象深い舞台を作り上げ、身体演技が伝統的に見える固定的な型によって、毎晩正確に、かつ生き生きと演じられていると受け取ったようである。そして、この旅回り一座の芝居にも、伝統に培われたある種の様式的リアリズムのようなものが見出せたというのだろう。

確かに、ベルリンの人々が筒井一座の芝居を、あたかも本格歌舞伎であるかのように評価したのは「誤解」といえば「誤解」だが、一座の芝居との異文化接触から、以上のような演劇芸術論的な視点を引き出しているのは無視できない事実だろう。つまり、日本通の識者や在外邦人にイカモノと非難された筒井カブキではあったが、西洋人の視点では刺激的で斬新にみえたのである。そして、二〇世紀初頭以来、各国の進歩的演劇人が改革を推進してきた西洋演劇の新しい方向に沿うものであったからこそ、これほどの称賛も受け、また一定の刺激を与えることもできたのではないだろうか。次のイェーリングの言葉は、筒井一座のベルリン公演の意義を考えるに当たって示唆的である。

われわれはヨーロッパでの多くの実験、例えばブレヒトの試みが何を目指しているかを知っている。舞台芸術のばらばらな解体ではなく、根本様式、基本姿勢、形態、伝統の創造である。日本演劇の基本的な場面と身振り表情による各々の見せ場は、われわれに何が欠けているか、われわれはどこに到達しなければならないかを教えている。東京では拘束から解体に向かっている。われわれは、演劇的・演技的無秩序の数十年を経て、解体から拘束へ向かわねばならない（前掲紙）。

以上のように、ベルリンの人々は極東からはるばる訪れた筒井徳二郎一座が見せた日本の伝統的な演劇文化と出会って、西洋の演劇もそのような生きた演劇様式を創り出さなければならないと感じたようである。ここで重視すべきなのは、日本の一座の芸術上の質というより、日本の芝居、特に歌舞伎の芸術形式と演劇文化の特徴であることは明らかであろう。そして、もしもブレヒトがこの公演を見ていれば、彼のように芸術的に貪欲な演劇人が、そこから何かを学び取らなかったはずはない。

4　ブレヒトの歌舞伎との出会い

ベルトルト・ブレヒトがベルリンで日本人一座の公演を見ているということに最も早く言及したのは、『鬼の面』（一九七七）の著者アントニー・タトロウであろう。彼は筒井徳二郎一座と名指ししてはいないが、かつてのブレヒトの協力者エリーザベット・ハウプトマンに面会して（一九七一年九月三〇日）、ブレヒトが当時、ベルリンを訪れた「ある日本の一座」を見たとの証言を得たとしている。[17] タトロウはこの四〇年後の証言をもとに、一九三一年二月、ブレヒトがベルリン国立劇場で演出上演した自作『男は男だ』の舞台表現に歌舞伎の影響があると指摘する。しかし、日本の一座がどのような芝居を見せたのかの説明はなく、もっぱら歌舞伎の一般的な特徴を挙げて比較している。[18]

ところで、筆者が一九九九年三月にベルリンで行った現地調査で、ブレヒトが西部劇場での筒井一座の公演に際して、客席にいたことを報じる新聞記事を見つけることができた。この新聞は一九三〇年一〇月五日付『ベルリン国民新聞』（朝刊）であり、冒頭が次のように始まる。

客席には日本人の姿はほとんど見かけなかった。そのかわりに「ベルリン中の人々」が――

ベルト〔ルト〕・ブレヒトからケーテ・ドルシュまで、フェルディナント・ブルックナーからマックス・ラインハルトまで——揃っていた。（*Berliner Volkszeitung*, Morgenausgabe, 5.Oktober 1930.）

この記事を書いたのは、ベルリン・ケーニッヒスベルク街劇場の文芸部員ルッ・ヴェルトマンである。公演の初日は一〇月三日で、記事はその二日後の日付だが、おそらく初日の所見によるものであろう。このようにブレヒトが筒井一座の芝居を実際に見ていることは、当時の資料、初日二日後の新聞によって、はっきりと確かめることができる。

ブレヒトがこの日本の一座に直接触れた言葉はこれまで見つかっていないが、ブレヒト文書館（BBA）に所蔵されている遺稿集の中に、日付の書かれていない「日本の演劇術について」と題した彼のエッセイがある。この遺稿集の目録作成者ヘルタ・ラムトゥーンは、このエッセイの執筆年代を「一九三〇年頃」と推定している。[19] タトロウは『鬼の面』にエッセイの全文を載せ（現在は『ブレヒト全集』に所収[20]）、その内容から考えて直接の体験に基づいたものであり、日本の巡業一座の芝居を見た直後のものであろうと判断している。[21] 筆者も文書館で確認したが、タイプライターで打った原稿の一番下の余白には、「この試みの目的は外国の技法の移植である」と記されている。重要と思われる箇所を抜粋する。

この試みは、外国の演劇術の一定の要素が、応用可能かどうかを研究しようとするものである。この試みは、わが国の演劇術がみずからの課題（新しい課題）を処理するのに十分ではないという、わが国の演劇がまったくもって特別な状態にある中で行われるものである。その課題とは、叙事劇が演劇術に課している課題である。ところで上記の外国の演劇術は、似たような（似てはいるが、同じではない）課題を長い間処理してきた。すなわちわれわれは、ある技法をその極めて本質的な前提条件から切り離して、根本的に異なる条件のもとに置こうとするわけである。

この断片に終っているエッセイの内容は、新しい時代の叙事演劇を創造し、上演するための技法を、日本の演劇術から応用することが可能かどうか研究する試みを提案するものである。あえて「日本の演劇術について」と名指ししているところ、日本的技法の導入に取り組もうとしているその意気込み、また既述の批評家イェーリングの日本演劇に対する認識と共通する点からしても、タトロウが推測しているように、この小論は筒井一座のベルリン公演を見た直後に書かれた可能性が強い。彼はこだわって〝Transport〟という言葉を使っているが、日本演劇をそっくり模倣するのではなく、そこから叙事演劇に必要な表現の技法およびシステムだけを切り取って移す、いわば移植することを考えていたようだ。

このようにブレヒトが「ある日本の一座」ではなく、まさに筒井徳二郎一座の芝居を見ているこ とが、当時の資料で直接確認でき、さらにこの一座の特色やベルリン公演の内容、反響の様子が詳らかになってきた以上、先のエッセイで提案されたような、日本的技法の導入の試みをブレヒトにおいて探る場合、タトロウのように歌舞伎だけではなく、可能な限り、ブレヒトが実際に見た日本の芝居と比較する必要があるように思われる。

ところで当時のブレヒトは、音楽劇『三文オペラ』（一九二八）の大成功によって、劇作家としての地位を不動のものとしていたと共に、機械技術の世界において人間が個性を失い、物質化する時代の問題に直面し、叙事演劇の開発を始めていた。能の翻案劇『（『イエスマン』、『ノーマン』）などの一連の教育劇による実験は、確かに彼がこの頃熱心に学習していた共産主義のイデオロギーを代弁しているが、芸術的な目的としては、やはり叙事的な表現技法を創り出そうとしていたと思われる。ちょうどそのような時期に、ブレヒトは日本の歌舞伎風の芝居と出会っているのである。その出会いから二カ月後の一九三〇年一二月一三日、能の翻案劇『イエスマン』のテーマを共産主義のプロパガンダ劇に焼き直した『処置』がベルリンで初演されている。その仮面と儀式的な演技を用いた演出に、日本の演劇術がいくらか影を落としていたといわれる[22]。そして、翌一月八日から八日間、筒井一座の第二回ベルリン公演が行われているわけである。

ブレヒトは最初に筒井一座の芝居を見てから四カ月の間に、自作『男は男だ』（一九二六）を改作の上、一九三一年二月六日、ベルリン国立劇場でみずから演出上演した。寓意劇『男は男だ』は、インド、キルコアの沖仲仕ゲーリー・ゲイが魚を買いに出かけ、途中で出会ったイギリス軍の機関銃分隊の兵士たちに、彼らの欠員を埋めるべく、陰謀と一連の儀式によって瞬く間に兵士に改造される、変身のドラマである。この劇がブレヒトの演出で上演された時、劇場が騒然となるような異様な舞台が観客の前に現われた。イェーリングはその様子を次のように記している。

彼は沖仲仕ゲーリー・ゲイが邪気のない個人から一兵士へ、番号へ、集団的人間へと改造される様を表現することによって、同時に、性格を描く演技術から類型を描く演技術への過程を示そうとした。彼は人格の描写から仮面化へ、役への同化から報告へ、動的な演技術から静的な演技術への移行を試みた。すなわち、兵士たちにメーキャップをさせて顔の表情をすっかり変え（付け鼻、拡大された耳）、体の寸法も異様に大きくして見せたのだ（巨大な手。リンゲンとハインツは高足で歩いた。グラーナハは肩幅がさらに広いが、背は低いという印象だった）[23]。

観客は一斉に反発し、口笛で不満をあらわにしたという。しかし、当時ベルリンを訪れていたロシアの作家セルゲイ・トレチャコフの眼には第一級の作品に映ったようで、「メイエルホリドの『堂々たるコキユ』（クロムラン作）についで私に大きな感銘を与えた」と述べている[24]。興味深いこと

図版① 『男は男だ』、見得のような彫刻的演技。1931年ベルリン国立劇場公演（ブレヒト文書館蔵／BBA (Bertolt-Brecht-Archiv), Theaterdoku 2057/261）。

に、タトロウは『鬼の仮面』の中で、一九二八年の舞台と比較して、このブレヒト演出の舞台に人物のグロテスクな形象化、小市民の兵士への変身過程で突然白塗りになるところ、観客から見える舞台上での化粧替えや衣装替え[25]、提示的・彫刻的演技等、日本の一座の歌舞伎的な表現技法を取り入れた形跡があると指摘した[26]。

例えば同じ場面でも、一九二八年の演出では、兵士たちが自然な顔付きで、お互いに向き合って対話を交しているのに対して、一九三一年の舞台（図版①）は「すべてが形象化され、誇張され、奇異であり、グロテスク」であり、「兵士たちは歌舞伎役者と同じように、自分の役を演じて見せている」のがよくわかる。実際、彼らはこわばった異様な表情で、客席をまっすぐ見据えている。ブレヒトが「日本の演劇術について」の中で提案した日本的技法の導入を、早速実践したのではないかと思わせるところである。

ではタトロウが指摘するように、このような「グロテスクな形象化」や「静的な演技術」が、ブレヒトが日本の一座の歌舞伎風の芝居にヒントを得たものだとすれば、どの演目が刺激となったのであろうか。既述のように、筒井一座がベルリンで演じた芝居の中に『勧進帳』があったので、真っ先に思い浮かぶのはこれである。人物の変身を表現する手法については次節で詳しく取り上げるが、巨人のような大男の兵士たちと彼らの誇張した軍服は、大柄に見せなければならない弁慶の体躯と、そのすべて大造りの山伏装束にヒントを得たのかもしれない。兵士たちの衣装は、弁慶をはじめ四天王の山伏たちの扮装にどことなく似てはいないだろうか。また兵士たちのグロテスクなメーキャップと、静止したまま観客を見据えた彼らの異様な姿勢は、弁慶の不動の見得を思わせるものがある（図版②）。

図版② 『勧進帳』、ベルリン公演で弁慶に扮する筒井徳二郎（*Zeitbilder*,12.Oktober 1930）。

5　『男は男だ』における人物の変身と歌舞伎的表象

以上のように、ブレヒトが筒井徳二郎一座の芝居を見たことは、資料的にはっきりと証明できているし、自作『男は男だ』の演出にその刺激を取り入れた形跡がありそうである。しかし、彼にはもともと刺激を受けるだけの素地があったのではないか。すなわち、そもそも彼の演劇形式の目指す方向において、歌舞伎的表現との基本的な類似性が、ベルリン国立劇場での上演用に改作したテクストだけではなく、影響を受けていないそれ以前のテクスト、『男は男だ』の初稿（一九二六）にもみられるのではないか、という仮説をここで立ててみたい。

ところで、ロシアの映画監督セルゲイ・エイゼンシュテインは、二世市川左團次の訪ソ公演を見た後、「思いがけぬ接触」（一九二八）というエッセイの中で、歌舞伎では「音響、動作、空間、声」が「相互に伴奏し合うのではなく」、「相互に同じ重要さを持つ諸要素として扱われている」とし、その「一元論的アンサンブル」を指摘している。[27] それに対してブレヒトも同じ頃、オペラ『マハゴニー市の隆盛と没落』（一九二八）の注釈において、「音楽、言葉、装置」という芸術「諸要素の分離」の必要性を説いているのである。[28] 微妙にニュアンスが違うようにみえるが、基本的には両者とも、それぞれの芸術が舞台において独立して自己を主張しながら、それらの総合が特別な意味を合成するような演劇形態のことを言わんとしている。ブレヒトの『男は男だ』もこのような意味で、台詞だけではなく舞台装置や道具、効果音――要するに背景や環境も、人物の内面や場面の意味形成に重要な役割を果たしていると思われるのだ。

ブレヒトの叙事演劇と歌舞伎とを比較する有力な根拠は、変身のモチーフとその表現法にあると筆者は考えているが、『男は男だ』は文字通り変身のドラマである。そもそも副題が「一九二五年、キルコアの兵営における沖仲仕ゲーリー・ゲイの変身」なのだ。しかし実際は、沖仲仕の変身物語だけが描かれているわけではない。ブレヒトもこの劇における四つの転化（Verwandlungen）、すなわち「兵士ジェライア・ジップの神への変身」、「軍曹フェアチャイルドの普通人への変身」、「酒保の空地への転化」、「沖仲仕ゲーリー・ゲイの兵士への変身」を数え上げている。[29] このうち「酒保の空地への転化」は環境の転換そのものであるが、様々な要素のモンタージュによって表わされ、その他の三人の変身も環境や背景と独特にモンタージュされて表現されることから、人間が変身する演劇的な場所あるいは空間の意味というものを考えさせられる。

まず「兵士ジェライア・ジップの神への変身」である。機関銃分隊の兵士四人が黄氏のパゴダ（宝塔）に侵入して略奪を試みるが、その一人ジェライア・ジップの髪の毛が戸板に仕掛けられたタールにへばり付いて、ジップは動けなくなる。仲間の兵士たちは彼の髪の毛を切って助けるが、はげができてしまう。このままでは略奪が発覚するので、ジップの頭を丸坊主にするため鋏を取りに兵営に戻り、ジップは皮のパランキーン（駕籠）の中に隠れる。彼はパランキーンの中で酒を飲んで泥酔し、正体をなくしているのを、雨が降りパランキーンをパゴダに入れようとした僧侶のワンに発見される。ジップは厨子《ずし》に押し込められ、金儲けのために神に仕立て上げられて、信者たちの礼拝の対象にされてしまう。

この一兵士の神への変身過程に、パロディックであるが、一種の通過儀礼的なものが読み取れる。ジップがパゴダの中で髪を切られてはげを作るのは身体加工であり、兵士に二度と戻れないことを意味する。次に、パランキーンに入って酒を飲み正体を無くした時、兵士としての彼は死に、変身への準備が完了する。そして厨子に閉じ込められることによって、ジップは完全に神への変身を遂げる。事実、仲間たちが彼を連れ戻しに来るが会うことができず、後に彼が連隊を追って行き、仲間たちと再会するが、すでにジップに変身しているゲーリー・ゲイの前では、彼は「名なしの権兵衛」にすぎない。このジップの変身過程で表象として重要な役割を果たすのが、パゴダという建物、パランキーン、雨、厨子、新しい神を宣伝するための大きな貼札、礼拝のために集まった信者たち、駱駝《らくだ》の糞を燃やした煙、さらに礼拝の雰囲気を盛り上げる蓄音器と太鼓等であり、これらの要素とのモンタージュによって、彼は神、すなわち「名なしの権兵衛」へと改造されるのである。

ジップの変身においても雨はいくらか表象的に作用しているが、「軍曹フェアチャイルドの普通人への変身」においては、雨が極めて重要な役割を果たしている。というのは、「血祭りファイブ」と渾名されて兵士たちから恐れられている鬼軍曹のチャールス・フェアチャイルドは、雨が降ると意志が弱くなり、情欲の虜《とりこ》になる性癖があるからである。レオカディア・ベグビック後家の酒保（兵営の売店）に兵士たちが集まって談笑していると、急に雨模様になってきた。フェアチャイルドの様子で雨を予想できるほどであるが、果たしてベグビックの酒保を訪れた彼は、規律なんか忘れて「今晩　なまぬるい雨が降ったらあたしの所においで！」と彼女に誘惑される。

フェアチャイルド　ごめんだぞ！　人間性の破滅は馬鹿ものの中の大馬鹿ものがボタンをしめておけないところから始まるのだ。（……）だが貴様、血祭りファイブ、お前は今晩、雨の夜でもこの後家の肉体なしですごせると思うか？

ベグビック　あんたが今晩、あたしのところへ来るっていうなら、黒い背広を着て、山高帽をかぶって来なくちゃだめよ。

実際、その晩に雨が降り、深夜、フェアチャイルドは色を求めて平服姿でベグビックの酒保を訪ねる。すっかり劣情に負けて泥酔し、「鬼軍曹」や「人間台風」の面目を失った彼は、人格破壊者として兵士たちになぶり者にされる（次の場面の前線へ向かう列車の中で、みずから銃で去勢して果てる）。自然現象としての雨は、もともと人間の人格と無関係であるが、ブレヒトは雨の表象的なイメージを使って、フェアチャイルドの内面性を印象的に表現することに成功している。ブレヒトの作品では、『三文オペラ』に登場する盗賊の首領メッキースも、雨に誘われて娼家を訪ねる。(30)しかし『男は男だ』においては、この軍曹と雨の深層心理的な結合は非常に強く、特にベルリン国立劇場での上演のために改作された一九三一年版では、「あなたの自然の性情にしたがったらどう血祭りファイブ」で始まるベグビックの官能的な誘惑の歌等を書き加えており、情欲を刺激する雨のイメージが量的にも質的にも強調されているのである。

一九三一年版におけるこのような雨のイメージと情欲との強い結び付きは、ブレヒトが筒井一座の芝居を見て刺激を受けた可能性がないとは言えない。すなわち、一人の花魁をめぐり二人の侍が争う歌舞伎の『鞘当』を、一座で翻案した『恋の夜桜』(図版③)のことである。この芝居は歌舞伎の伝統的なモチーフ「傾城《けいせい》買い」がベースにあり、その点でも鬼軍曹が、雨が降ると色を求めてベグビックの酒保を訪れる話に似ている。しかしそれよりも、筒井一座では『鞘当』の中の傾城・葛城の名を「村雨大夫」と改めて女優が演じたことが関心を引く。色を売る傾城という女性に雨のイメージを結び付けようとする演出意図があったのかもしれない。さらに歌舞伎『鞘当』の「仲之町鞘当の場」は「花の雨、濡れに曲輪のあかつきに、傘《からかさ》売りの風流も」の長唄で始まり、ライバル同士の侍、不破伴左衛門と名古屋山三が東西の両花道に登場する。その名古屋は「雨に濡れつばめ」の模様の衣装を着ており、不破との掛け合いの連ねの中で「濡るゝ心の傘に、塒《ねぐら》かそうよ濡れ燕、濡れにぞぬれし彼の君と」と語る。舞台の吉原は花の雨降る色町であり(舞台上方に桜の釣枝、中央に

図版③　『恋の夜桜』鞘当場面、右から筒井徳二郎の不破、山田好良の止め女、山中實の名古屋（第１回ベルリン公演プログラム）。

爛漫の桜花）、雨と花（色）のイメージを合成する歌舞伎の発想は見事としか言いようがない。

ベルリン公演では俳優のルードルフ・アーメントがドイツ語で解説を行ったことがわかっている。[31] ブレヒトがこの色香漂う『恋の夜桜』の舞台を目の当たりにしたことは確かであり、そこから『男は男だ』の中の雨のイメージを使ったモンタージュのために、何らかの刺激を受けていた可能性が考えられる。ここでもブレヒト演劇と歌舞伎の表現法に関して、少なくとも発想上の類似性があることは指摘できるのではないだろうか。

歌舞伎劇には身替りのモチーフが数多くあるが、「沖仲仕ゲーリー・ゲイの兵士への変身」も一種の身替りであり、他人の身替りとなって死ぬという点では（偽装であり、象徴的であるが）、歌舞伎に似ている。ただし、歌舞伎の場合は『寺子屋』、『一谷《いちのたに》嫩《ふたば》軍記』等のように、封建社会の中で個人が特定の貴人や主君のために犠牲となる身替りを描いている。それ対してブレヒトが描いた沖仲仕の身替りの話は、個人が特定の人物を救うために身替りになるのではなく、その人物の仲間を救うために、つまり、自分とは直接かかわりのない軍隊に自己を犠牲として捧げ、その特定の人物に変身させられるというものである。それと引き替えに、その特定の人物も犠牲者として「名なしの権兵衛」へと変身させられる。しかしながら、チャップリンの映画『モダン・タイムス』も如実に描いているように、人間が部品と化す機械文明の世紀にあって、「一人の人間が自動車のように解体仕上げされる」（ベグビック）変身の過程に、歌舞伎に通じる演劇性とある種の儀式性が表現されているように思われる。

この沖仲仕の変身過程を簡単に辿ると、次の通りだ。

①ゲイは妻と別れて魚を買いに出かける→②ベグビックに頼まれて胡瓜《きゅうり》籠を運ぶ→③ジップの仲間の兵士たちに誘われてベグビックの酒保を訪れ、無理やり軍服を着せられる→④彼らに頼まれ人員点呼のとき「ジェライア・ジップ」を名乗る→⑤ベグビックに籠を運んだゲーリー・ゲイであることを否定し、酒保の椅子で眠る→⑥家に帰ろうとするが、兵士たちから象の取引話を聞いて、彼らの役に立ちたいと言い出し、捜しに来た妻に他人としてふるま

う→⑦軍隊の出発命令が出、準備開始、兵士たちは剥製の象の頭と棒と紙の地図で軍用象をでっち上げる→⑧ゲイは「名前を名乗りたくない男」としてベグビックと象の売買をし、逮捕される→⑨縄で縛られ、用便穴に監禁される→⑩「名前を名乗りたくない男」の裁判が行われ、死刑が求刑される→⑪ゲイはベグビックに頼んで髪を切ってもらう→⑫軍用象の窃盗・売買取引・匿名行為のかどで死刑の判決を受ける→⑬空砲で偽装銃殺され、気絶する→⑭ゲイは目を覚まし、葬式において、ジェライア・ジップとして、自分の棺の前で自分の弔辞を述べる→⑮兵士ジップとして軍隊と共に出発

以上のことから明らかなように、ゲイの変身への準備は、早い段階から始まっている。ゲイは初めから軟弱な性格で、人にものを頼まれたら断れない人物であることがわかる。

ところで、日本の筒井徳二郎一座のベルリン公演の内容が詳らかになったので、ブレヒトが実際に見た芝居と比較する必要が出てきたと先述したが、ゲーリー・ゲイの変身過程の中で、筒井一座の芝居から刺激を受けたのではないかと思われる場面がある。それは第四場で、兵士たちが酒場の隅に机を二台積み上げ、主人公ゲイをその机の陰に行かせ、無理やり服を脱がせて軍服を着せる場面だ（図版④）。この客席から見える舞台上での衣装替えに、比較演劇の観点から注目したい。

既述のように、筒井一座の『勧進帳』では、義経は現行歌舞伎と違って、最初から強力姿では登

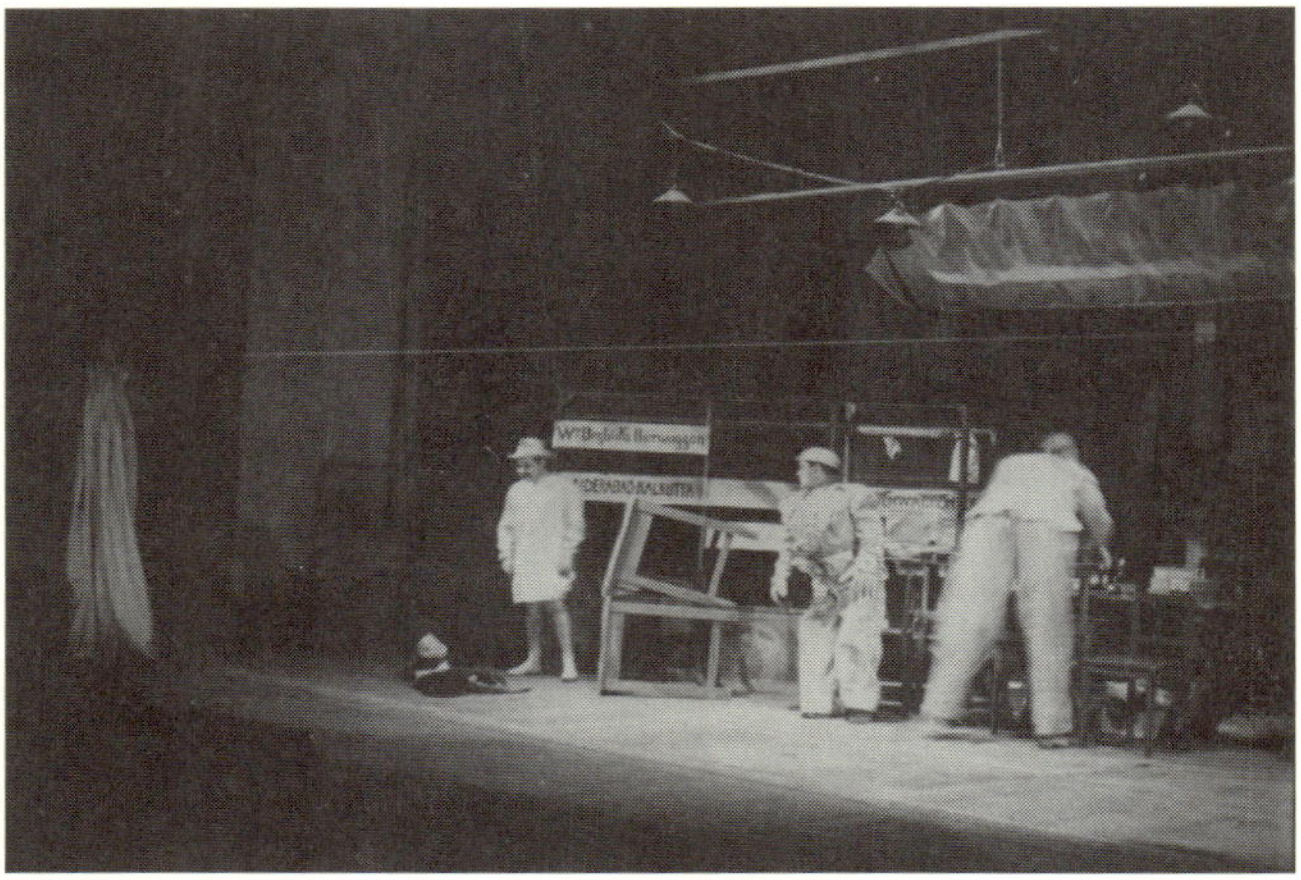

図版④　『男は男だ』第4場、机の陰で軍服に着替える場面。1931年ベルリン国立劇場公演（ブレヒト文書館蔵／ BBA Theaterdoku 2057/176）。

場しない。留学中のロンドンで一座の『勧進帳』を見た福原麟太郎の報告によれば、初めは弁慶や四天王たちと同様に山伏姿で現れる。そこでは、先行形態である能『安宅』のように別に強力がいて義経が着物を取り替えるという、いわゆる物着が行われたようなのである。[32]筒井一座はこれと同じ内容の『勧進帳』をベルリンでも公演しており、ブレヒトはそれを見ていたのだ。『男は男だ』の一九二六年版（一九二八年のエンゲル演出も同版を使用）には、兵士たちによる衣装替えの場面はなく、この部分は一座の舞台からヒントを得て書き足した可能性は十分考えられる。[33]また机の陰での衣装替えは、歌舞伎の消し幕の応用を思わせて興味深い（筒井一座が消し幕を使ったかどうかは不明）。

エイゼンシュテインがこの方法を歌舞伎から

学んで映画の「不連続」の表現法に応用したように、これには演技の流れを中断し、その重要な瞬間を強調する効果がある。ただしブレヒトの場合、歌舞伎のような上演法をも意味したが、それはすでに劇中の人物の行為として表現されている。逆に言えば、その人物の行為自体が演劇的なのである。

沖仲仕ゲーリー・ゲイの本格的な人格改造は、軍隊が北部国境に向かって出発するための騒々しく慌ただしい準備の間に、したがって「酒保の空地への転化」と同時に行われる。彼のジェライア・ジップへの変身は、まさに演劇的な場において、周囲の視聴覚的な環境や背景との合成的手法によって進行し、完遂される。すなわち軍隊出発の騒音、大砲や象の通過する音、そして特に酒保を片付け、テントを畳んだり洗ったりする行為、ベグビックの歌、これらとゲイの改造は同時に行われる。それはエイゼンシュテインのいう「一元論的アンサンブル」以外のなにものでもない。このことは舞台装置家の立場からみれば、登場人物を、すなわち俳優を舞台装置の一部とする、ということになる。ブレヒトは次のように書いている。

舞台装置家にとって俳優たちは、ある意味では、舞台装置のなによりも重要な一部である。[34]

またブレヒトの注釈[35]によれば、ベルリン国立劇場での上演では、背景の二つのスクリーンが、銃殺を境に、変身前のゲーリー・ゲイと変身後の彼を暗示したようである。

ゲイの人格改造はそのような表象的な演劇空間において、六段階に分けて行われる。その過程は一連の寸劇からなる劇中劇の観を呈しているが、各々の寸劇には番号が付いており、そのつど最初に兵士のユリア（この芝居を仕組んだ張本人）が短い口上で内容を知らせるのであり、ラウンド制のボクシングの試合をも思わせる。そこでは三人の兵士たちとベグビック、そしてゲイが、それぞれ自分の役を意識的に演じているようにみえる。つまりゲイの人格改造の各場面は、人物の行為を芝居として提示するメタシアターの特徴が顕著であり、この劇中で最も芝居臭く、しかも儀式性を帯びているように感じられる。作者は現実の中にペテンを持ち込み、ペテンは芝居として演じられる。

象の取引、逮捕、用便穴での身体拘束、裁判、銃殺、葬儀。これらはすべて仕組まれたペテンであるが、それと同時に、死と再生の儀式となってはいないだろうか。偽の象から始まり、この儀式にはいろいろな道具が用いられる。ゲーリー・ゲイが縛られて用便穴に入れられ、頭だけ地上に出しているのは、ベケットの『芝居』の登場人物が壺に入って顔だけだしているのを想起させる。その壺とは骨壺であり、生と死、人生と芝居の関係を明らかにする装置の役目を果たしているが、ゲイの入る用便穴は彼の死を準備させるために必要な道具である。彼は空砲で偽装銃殺された後、テントを被せられて眠っている。象徴的な死である。目覚めた後、葬列者の取り囲む中、古い自分が死んで眠っている棺の前に立ち、自分で自分の弔辞を読む。

これら一連の出来事は、まったく詐欺行為のドタバタ芝居であるが、同時に一人の人間を改造する象徴的な儀式でもある。こうしてゲーリー・ゲイは、一連の陰謀と儀式によって、ジェライア・ジップという兵士に変身させられる。そしてゲイの変身の各段階を表わすために四つのメーキャップが使われたが、ゲイの顔はこの過程で突然に白塗りとなり、最後に他の兵士たちと同様、巨大な男に変貌する。このようにブレヒトは、現実社会の問題点を演劇的にデフォルメして表現しようとした。これは、演劇は「人生の模倣ではなく、仮面・身振り・動き・陰謀という演劇の第一次要素に基づいて、意識的に形作られた、独自の法則に従う演劇的現実」[36]であるとするフセヴォロド・メイエルホリドの見解に通じるものがある。

以上のように、三人の変身過程は、台詞、歌、効果音、動作、スクリーン、舞台装置、道具等、多様な要素とのモンタージュによって表現される。そしてその表象的な演劇空間は、繰り返すが、エイゼンシュテインが歌舞伎に見出した「一元論的アンサンブル」を思わせるものがある。例えば、歌舞伎『十六夜清心』の「稲瀬川の場」で、十六夜と清心が川に身を投げて心中しようとするが、清心は死にきれない。魔がさした清心が、通行人に金を無心したはずみに殺《あや》めてしまう。再度死のうと思った時に、雲間に月が出、悪の道に生きようと、清心は転身の決意を固める。今までの清心が川に身を投げて死に、別の清心に生まれ変わるのである。しかし、清心の死と再生の過程で重要な役割を果たすのが、川に浮かぶ遊山船の騒ぎ唄であり、雲間に出る月である。[37]この視聴覚的背景が清心の転身のきっかけを作り、かつ、その過程を鮮やかに印象付けているのだ。

偶然というか必然というか、ブレヒトの『男は男だ』にも、月とのモンタージュが二カ所ある。一つは、偽象の取引をしたゲイの裁判中に月が高くあがるところ、もう一つは、ゲイが銃殺される前に、小便しながら月を眺めるところである。いずれの場合も月は、ゲイの変身過程の重要な瞬間を効果的に表象空間に焼き付けることに役立っている。このような傾向は『バール』、『夜打つ太鼓』等、初期の表現主義的な作品から備わっていたが、『男は男だ』に至って、舞台表現としてより技巧的になったように思われる。ブレヒト自身、「〈自然〉が奇妙な形で僕の作品の中に反映している。（……）『男は男だ』ではどたばた芝居の装置が風景だ」と述べ、『ヨハンナ』（一九三〇）の中の「降雪も一つの社会現象だ」と言っている。[38] ブレヒトの叙事演劇は本来的に、歌舞伎的表現との親和性を有しているのではないだろうか。

ところで歌舞伎には、あるものを別のものになぞらえる「見立て」のモチーフがあり、それが独特の表現法になっている。既述のゲーリー・ゲイの人格改造のドタバタ劇も、軍用象のでっち上げ、つまり象の「見立て」から始まっていて、その後の一連の寸劇も一種の見立て芝居に見えてくる。そもそも演劇は、俳優の演技を演技とみなす了解が、俳優同士および俳優と観客との間に存在しなければ成り立たない。俳優をドラマの人物に見立てて上演が行われるのだ。ところが、この演劇を成り立たせている見立てのからくりを、ブレヒトは作品の内容そのものに取り入れている。この点において、見立ての趣向を大切にする歌舞伎の遊戯精神と類似している。その有名な例では、『仮名手本忠臣蔵』七段目「祇園一力の場」において、大星由良之助と斧九太夫の前で仲居と幇間たちが見立て遊びを披露するところだ。一人の仲居が、

仲居　そんなら私が見立てましょ。この箸ちょっとこう借りて、九太さんのお頭をこう挟み、そこで私の見立てには、梅干なんぞはどうじゃいな。

と言って、九太夫のはげ頭を梅干に見立て、皆が大笑いする。そのほか『三人吉三』では、お嬢吉三が自分を八百屋お七に見立て、『寿曽我対面』の幕切れは、登場人物が見得を切って富士山と舞鶴の見立てを行う。このように、歌舞伎には見立ての趣向が散見する。そしてブレヒトの『男は男だ』においては、三人の兵士たちがゲーリー・ゲイを不正な取引に巻き込もうと、次のように偽の象を組み立てる（図版⑤）。

ユリア　（……）ポリイ、貴様はこのカーテン棒と壁にかかっている象の頭の剥製をもて、そいからジェス、貴様はこの瓶をもって、ゲーリー・ゲイがそっちをみたらいつもそいつをゆらして象に小便をさせるんだ。そしてこの地図をお前たちの上に被せておく。（彼らは人工の象

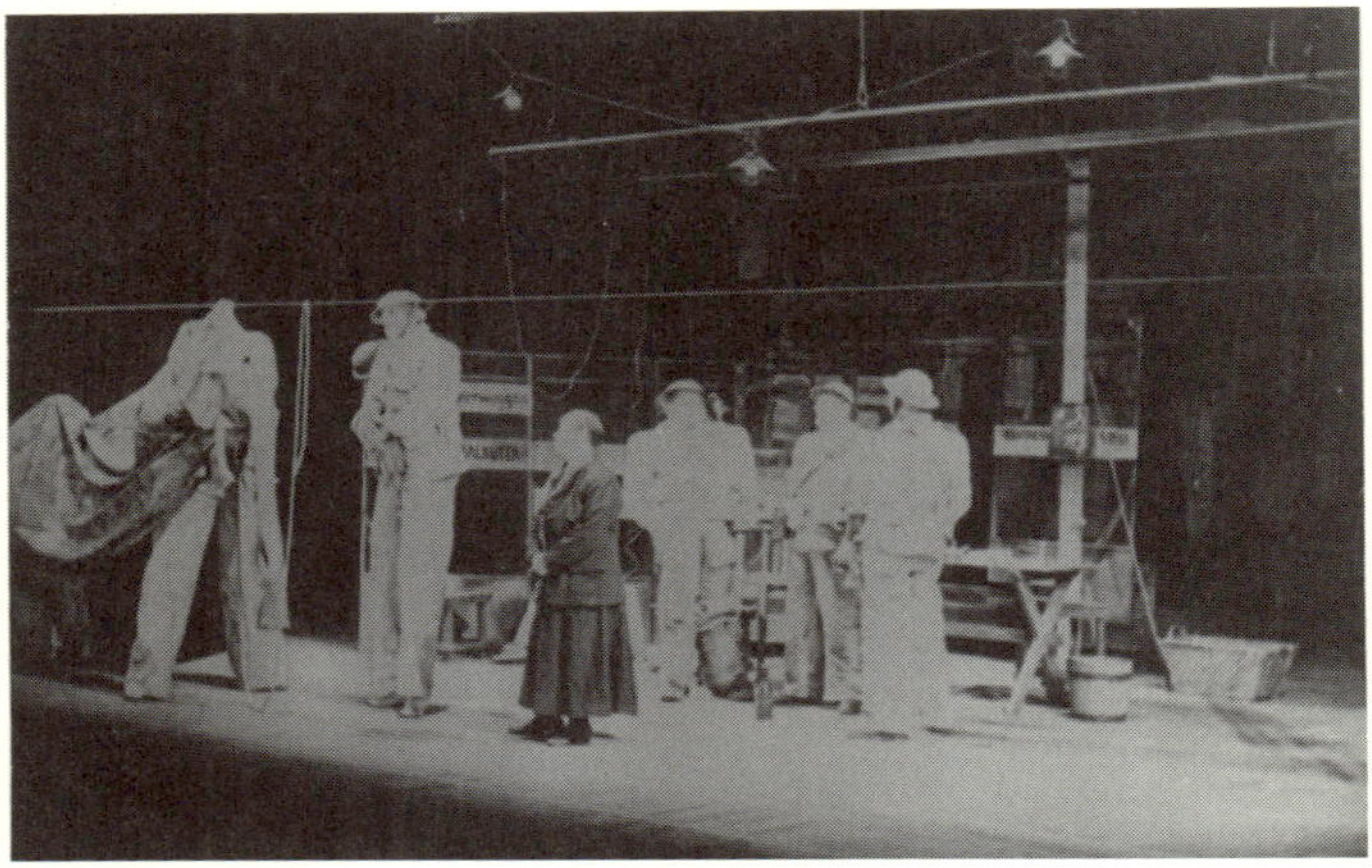

図版⑤　『男は男だ』第 9 場、象の見立てと取引場面。1931 年ベルリン国立劇場公演（ブレヒト文書館蔵／ BBA Theaterdoku 2057/206）。

を組み立てる）（……）

　これはどこから見ても本物の象には見えないわけで、人物の台詞にもある通り、見立て以外の何物でもないだろう。ゲイは気の弱さと欲得から、兵士たちの仕掛けたこの見立て芝居の中のあてがわれた役をみずから進んで演じるが、兵士たちは最初の見立ての了解を裏切り、彼を犯罪人に仕立て上げてしまう。だが兵士たちにとって、象のでっち上げと取引ばかりでなく、その後の逮捕、裁判、銃殺、葬儀もみな洒《しゃ》落《れ》であり、見立てなのである。彼らは次々に見立てゲームをゲイに強制し、彼はついに自分をジェライア・ジップに見立てさせられてしまう。以上のように、ドタバタの見立て茶番を通じて、一小市民の兵士への改造が行われるという見方もできるのである。そのような意味で、既述のジェライア・ジップの神への変身も見立てと解せるであろう。郡司正勝氏は江戸時代の歌舞伎の見立てに「現実を見きわめさせる力」と「批判的性格」があったと指摘しているが[40]、ブレヒト流の見立ても、その異化的な作用によって、社会批判を促す要素を十分に含んでいるように思われる。

おわりに

以上、ベルトルト・ブレヒトが見て刺激を受けたとされる日本の一座に対する関心を出発点として、座長の筒井徳二郎の経歴と海外巡業、そしてベルリン公演の内容、反響の様子について記述した上で、『男は男だ』（一九二六年版と一九三一年版）における変身と歌舞伎的表象の問題について、影響と類似の視点から論じてみた。その結果、アントニー・タトロウの指摘を再確認すると共に、筒井一座の芝居から刺激を受けたのではないかと思われる部分が新たに見出され、さらにこのドラマに元から備わっている歌舞伎的技法との類似点をも指摘することができた。特に登場人物の性格や内面の変化を、台詞だけではなく、身体、衣装、メーキャップ、周囲の視聴覚的環境とのモンタージュによって舞台上に造形していく独特の方法は、その後にブレヒトが作った多くの叙事演劇にも共通しており、それは歌舞伎をはじめとする日本の伝統演劇の重要な特色でもある。

しかしその一方で、ブレヒト演劇と歌舞伎との間に歴然とした差異を感じざるを得ないのはもちろんである。ブレヒトの叙事演劇の表象空間は、観客をその中に感情的に同化させることはなく、批判的認識の鏡を提供していて、どこまでも様式美と官能的陶酔を追求する歌舞伎の特色は認め難い。また歌舞伎の見立ては、美的仮象のイメージの重ね合わせを枠として表現し、享受する傾向が強いのに対して、ブレヒトの見立て芝居のからくりは、もっぱら、見え透いた嘘と芝居で充満している現実社会のメタファーを、観客の鼻先に突き付けるようなものだといえよう。にもかかわらず、両者には表現技法上の著しい類似点が存在することは確かだ。元から類似点があるばかりでなく、先述した遺稿集のエッセイにも記されているように、ブレヒトが日本演劇の「技法をその極めて本質的な前提条件から切り離して、根本的に異なる条件のもとに置こうと」した試みとも無関係ではないだろう。

筒井徳二郎一座のベルリン公演は、ドイツの演劇文化の歴史において、特異で重要な出来事だった。それは、ドイツ人たちが珍しい日本演劇の来訪を待ち望んでいたというだけではなく、後に新しい時代のドラマである叙事演劇を完成させることになる若きベルトルト・ブレヒトが、実際に歌舞伎風の芝居と出会い、そこから創造的な刺激を受け取った可能性が高いからである。影響を受けたというブレヒト自身の直接の言葉は欠けているが、それらしい形跡はいくつも資料的に指摘することができる。また、もともと歌舞伎的技法との類似性がみられるドラマをわざわざ取り上げ、歌舞伎的な演出を試みたということ自体、ブレヒトが筒井一座から刺激を受けた証拠だといえるかもしれない。いずれにせよ、彼は極東からはるばる訪れた日本の一座の芝居に、みずから開発しつつあった演劇様式と類似のものを発見し、勇気付けられたに違いない。

ブレヒトが開発し始めていた叙事演劇は、人間が社会の中で個性を失い、物質化する時代の問題を取り上げつつあった。彼はこの現実社会に対する批判として、内面の問題を形象化、表象化する方法や、距離を置いた演技法等、叙事演劇を舞台化するための方法を模索していた。そのような時期に能文学と出会い、歌舞伎風の芝居を直に見て、日本の演劇術の西洋演劇への移植を検討したことは、象徴的な出来事だったといえるだろう。

ブレヒトは『男は男だ』を演出して二年後、ナチから逃れて亡命生活に入ることを余儀なくされた。しかし十数年後にはベルリンに戻り、彼の叙事演劇をみずからの手で上演した第一作『肝っ玉おっ母とその子供たち』に、運命的にも日本生まれの回り舞台を独自の方法で使用したのだった。

注

（1）　Antony Tatlow, *The Mask of Evil. Brecht's Response to the Poetry, Theater and Thought of China and Japan. A Comparative and Critical Evaluation.* Bern/ Frankfurt am Main/Las Vegas: Peter Lang, 1977.

（2）　丸本隆「ドイツにおける日本演劇受容の問題点　一九世紀末―一九三〇年」、大阪外国語大学研究留学生別科編『日本語・日本文化』第九号、一九八〇年、一〇八〜一一六頁／塩谷敬『シラノとサムライたち』白水社、一九八九年、一一五〜一二九頁／Erika Fischer-Lichte: *Kurze Geschichte des deutschen Theaters.* UTB für Wissenschaft: Uni-Taschenbücher 1667. A.Francke Verlag, Tübingen und Basel 1993.

（3）田中徳一『筒井徳二郎　知られざる剣劇役者の記録――1930～31年 22ヵ国巡業の軌跡と異文化接触』彩流社、二〇一三年。

（4）本章は一九九七年三月三一日発行の日本比較文学会編『比較文学』第三九巻に掲載された論文に大幅な加筆訂正を施したものである。

（5）田中、前掲書、九二～九三頁参照。

（6）筒井自身は二二カ国、七〇カ所以上を巡ったと言っている。私の調査では現在までのところ、二一カ国、一九言語、六二カ所の関係資料が入手できている。

（7）田中、前掲書、一五三～一六九頁参照。

（8）パリ・ピガール座公演プログラム（頁打ちなし）。この譬え話は第一回パリ公演以降で登場する。

（9）筒井が帰国後、一九三一年八月二日、大阪中央放送局（NHK大阪の前身）の放送舞台劇『ABC勧進帳』に出演した際、同日の『日刊ラヂオ新聞』に掲載された台本（抜粋かもしれない）。このとき海外で上演されたのと同じ内容の『勧進帳』が放送された。

（10）このときの歌舞伎『安宅』は、市川八百蔵（中車）のために近松の『燦静《ふたりしずか》胎内捃《たいないさぐり》』四段目「義経道行」を榎本虎彦が脚色したもの。飯塚友一郎『歌舞伎細見』、一九二七年、増補改版、一一九～一二〇頁。

（11）同書、一二五～一二六頁。

（12）筒井は海外公演の演目の中では、『勧進帳』と『狐忠信』を国内巡業でも得意としていた。経歴のところで少し触れたが、二世市川左團次の一座にいた元歌舞伎俳優の牧野正氏が筆者に語った話（二〇〇〇年六月二三日）によれば、筒井と現行歌舞伎の『勧進帳』を持って巡業した際、筒井（このときは弁慶ではなく富樫役）はこれを隅々までそらんじており、四天王などの役の振付けも長唄に合わせて巧みにやってのけたようだ。とにかく筒井の歌舞伎全般に対する造形の深さと、役者としての巧さには驚嘆したという。

（13）ベルリン芸術アカデミー資料館、舞台芸術部門蔵。

(14) 『メイエルホリド・ベストセレクション』諫早勇一他訳、作品社、二〇〇一年、一〇六頁。

(15) 田中、前掲書、三九五～三九七頁参照。

(16) 同書、三九九～四〇〇頁参照。

(17) Antony Tatlow, *op, cit.*, pp.228 and 252.

(18) *Ibid.*, pp.231-240.

(19) *Ibid.*, p.253.

(20) „Über die japanische Schauspieltechnik“, in: *Bertolt Brecht. Werke.* Band 21. Suhrkamp Verlag, Frankfurt am Main 1992, S.391f.

(21) Antony Tatlow, *op.cit.*, p.231.

(22) *Ibid.*, p.233.

(23) Herbert Jhering: *Von Reinhardt bis Brecht.* Bd.III. Aufbau-Verlag, Berlin 1961, S.135f.

(24) W・ベンヤミン他『ブレヒトの思い出』中村寿・神崎巌・越部暹・大島勉訳、法政大学出版局、一九七三年、七三頁。

(25) 岩淵達治氏は滞欧中、ある『男は男だ』公演で、ゲーリー・ゲイが空砲で銃殺された後、倒れている間に白塗りをして立ち上がるのを見て、「歌舞伎の『天下茶屋』で、安達元右衛門が酒に酔って倒れている間に顔を朱塗りにし、酔った顔で起きあがる一こまを思い浮かべた」と述べている。「西欧演劇で感じた東洋」、『悲劇喜劇』一九六〇年七月、五五頁。

(26) Antony Tatlow, *op.cit.*, pp.228-240.

(27) セルゲイ・エイゼンシュテイン「思いがけぬ接触」〈鴻英良訳〉、『映画理論集成』、フィルムアート社、一九八二年、五四頁。

(28) *Bertolt Brecht. Gesammelte Werke 17. Schriften zum Theater 3.* Suhrkamp Verlag, Frankfurt am Main 1967, S.1010f.

(29) *Ibid.*, S.981.

(30) ブレヒトが影響を受けたとされる前世期の劇作家、ゲオルク・ビューヒナーの『ヴォイツェック』(一八三七)を覗くと、大尉の台詞に、雨の中、白い靴下が路地を走り抜ける眺めに情欲を覚えるとあり、すでに類似のイメージが見出される。
(31) Herbert Jhering, *a.a.O.*, S.96.
(32) 福原麟太郎「ロンドン勧進帳」、『東京朝日新聞』一九三〇年七月二一日。
(33) 本章の元になった論文(『比較文学』第三九巻掲載)を発表後、Erika Fischer-Lichte, *a.a.O.*, S.358(および同著者の後続著作)でも、ブレヒトが筒井一座から刺激を受け、『男は男だ』の演出に机の陰での衣装替えなど、歌舞伎的手法を取り入れたと述べていることを知った。しかしどんな芝居を見て刺激を受けたのかなど、資料による具体的な証明はなく、上記タトロウの仮説に従っているものと思われる。Cf. Antony Tatlow, *op.cit.*, p.236.
(34) *Bertolt Brecht. Gesammelte Werke 15. Schriften zum Theater 1.* Suhrkamp Verlag, Frankfurt am Main 1967, S.440f.
(35) *Bertolt Brecht. Gesammelte Werke 17.*, S.981.
(36) サン・キョン・リー『東西演劇の出合い』西一祥監修・田中徳一訳、新読書社、一九九三年、一八三頁。
(37)「稲瀬川の場」では、最初に清心と十六夜が再会できたのも月明かりのお蔭である。渡辺保氏はこのように二人の運命を左右する月を「一種のデウス・エクス・マキーナ」と呼んでいる。渡辺保『歌舞伎——過剰なる記号の森』新曜社、一九八九年、一七五頁。
(38)『ブレヒト作業日誌2』岩淵達治他訳、河出書房新社、一九七六年、八三頁。
(39)『名作歌舞伎全集』第二巻、丸本時代物集3、東京創元社、一九六八年。
(40) 郡司正勝『かぶきの美学』演劇出版社、一九七五年、四版、八五頁。

〔付記〕
『男は男だ』からの引用は、ブレヒト戯曲全集、第二巻、未来社の岩淵達治訳を使わせていただいた。

第三章
ブレヒト『肝っ玉おっ母』と回り舞台

はじめに

ベルトルト・ブレヒトは亡命先のアメリカから戻って間もない一九四九年一月、ベルリンのドイツ座で、劇団ベルリーナー・アンサンブルの旗揚げ興行として『肝っ玉おっ母とその子供たち』（一九三九）（以下『肝っ玉おっ母』と略称）を演出上演したが、その時に採用した「回り舞台」（Drehbühne）は、作品の意味を引き出す独自の作用を発揮した。パントマイムのマルセル・マルソーも、ブレヒトにおける回り舞台のドラマチックな使用法を指摘している。(1) 第二章で述べたように、ブレヒトは能の翻案劇を書いた直後、日本の巡業一座である筒井徳二郎一座の歌舞伎風の芝居と出会い、日本の演劇術を叙事演劇に導入する方法を検討し、また実際、彼のドラマの上演に応用しようとした形跡がある。それから間もなく長い亡命生活を余儀なくされるが、ベルリンに戻り、亡命中に制作した一連の叙事演劇をみずからの手で上演したその第一作に、運命的にも日本生まれの回り舞台を使用したわけである。しかし、この回り舞台という舞台機構を用いて大きな効果を上げ得たのは、西洋における前世紀末からの日本演劇の受容と、演劇改革運動の大きな潮流の中で、ブレヒト独自の工夫があったからである。そこで本章では、彼の叙事演劇の代表作『肝っ玉おっ母』における回り舞台の使用法について考察し、ブレヒトと歌舞伎の関係について探ることにしたい。

1　回り舞台の着想

現在使われているのと同じ原理の回り舞台は、一八世紀の日本で、中村傳七や並木正三等によって考案、改良のうえ完成されるに至った。[2]ヨーロッパで最初に回り舞台が使用されたのは一八九六年、ミュンヘンのレジデンツ劇場においてであり、舞台装置家のカール・ラウテンシュレーガーがモーツァルトの『ドン・ジョヴァンニ』演出のため導入したが、その際、やはり日本の手本に従ったのではないかといわれている。回り舞台が西洋演劇界に影響を及ぼすことになったのは、何といっても、マックス・ラインハルトが一九〇五年、ベルリン新劇場においてシェイクスピアの『夏の夜の夢』の上演にこの歌舞伎の舞台機構を取り入れて成功を収めてからである。その後、ヨーロッパでは比較的規模の大きな劇場に回り舞台が常設されることになる。しかし回り舞台は、舞台装置の速やかな転換によって時間を節約するという、もっぱら実用的な目的のために使われることが多かった。

ところが、ベルリーナー・アンサンブルによる『肝っ玉おっ母』ベルリン初演において回り舞台が採用されたとき、これまでとは違って、酒保商人「肝っ玉おっ母」ことアンナ・フィーアリングとその子供たちが三〇年戦争の中、幌車を引いて旅するのを表現するのに使われた。しかも、ブレヒトはその際に、日本の歌舞伎やラインハルト（ブレヒトは最初、ラインハルトのドイツ座で文芸部員を務めていた）の実験から直接の刺激を受けたというより、むしろエルヴィーン・ピスカートアの「ベルト舞台」（Laufband, laufendes Band）からヒントを得た可能性が強いように思われる。[3] ピスカートアはチェコの作家ヤロスラフ・ハシェクの小説『実直な兵卒シュヴェイクの冒険』を脚色し、一九二八年一月、ベルリンのピスカートア劇場で初演した際、ベルト舞台を導入して大きな反響を呼んだが、この脚色・演出にブレヒト、フェリックス・バスバラ、レオ・ラニアが協力していたのである。ブレヒトは後にピスカートアの演劇実験を回顧しながら、次のように述べている。

彼は舞台において大々的に進取の試みを行った。彼はモーター仕掛けで走行する二本のベルトを舞台に設置することによって、舞台の床を可動的にしたが、その結果、俳優はその場を去らずに行進することが可能となった。こうして彼は作品全体を動かすことが可能となった。[4]

ブレヒトがこのようにピスカートアのベルト舞台に繰り返し触れているように、ピスカートアも再三再四、この実験的試みに言及し、ブレヒトの回り舞台は自分のアイディアに恩恵を被っていると添えることを忘れなかった。

またブレヒトは『肝っ玉おっ母』を動かすのに、再び回り舞台というずっと重くて扱いにくい代物を採用したが、着想は私のベルト舞台から得ている。(5)

しかしながら、このピスカートアのセンセーショナルな実験も、ラインハルトによる回り舞台の導入とその成功を抜きにしては考えられないように思われる。というのも、ベルト舞台をヨーロッパで最初に使用したのはピスカートアその人ではなく、ラインハルトが『夏の夜の夢』の演出に回り舞台を使用したその翌年に、すでにベルト舞台が使用されているからである。たとえば、一九〇六年にベルリンのウンター・デン・リンデン国立オペラ座でグルックのオペラ『オルペウスとエウリュディケー』が新しい演出のもとに上演されたが、その際、夫婦の冥界への道行に移動背景画と組み合わせてベルト舞台が使用されたことがわかっている。(6) 回り舞台が着目されるまで、ヨーロッパでは長い間、床の動かない固定舞台が支配し、それがまったく自明のことであった。ところが、この日本生まれの舞台機構が導入されることにより、そのような因習的舞台を改革して、可動性と変化に富むものに転換させるきっかけとなったわけである。一九〇六年一〇月のある雑誌の「演劇制作者としての回り舞台」という記事は、「私たちは回り舞台がまだまだこれから予測のつかない発展を遂げるのを体験することでしょう(7)」と述べている。

回り舞台とベルト舞台の共通性は、舞台の床が可動的なことである。それゆえに、まず回り舞台からベルト舞台の発想が生まれたと考えるのが自然であろう。そしてその延長線上にブレヒトの回り舞台があると考えられるだろう。現にベルト舞台を導入する前に、ピスカートアは『どっこい、おいらは生きている』の階層舞台（一九二七）や『ラスプーチン』の地球儀舞台（一九二七）等において回り舞台を使用して、演劇的表現の可能性を追求していたのである。西洋演劇の中に溶け込んだ日本演劇の要素は、以後どのように変化を遂げたのだろうか。

2　ピスカートアのベルト舞台

ピスカートアがベルリン・ノレンドルフプラッツの自分の劇場で、ハシェクの『実直な兵卒シュヴェイクの冒険』をブレヒトらの協力のもとに上演した際に使った「ベルト舞台」(8)とは、どのようなものだったのか。それは、舞台の上手から下手へ横に張り渡された前方、後方二本のベルトだった。それぞれ幅は一・八メートル、長さは一七メートルで、電気仕掛けで左右に移動した。総重量は九トンで、人物、マリオネットのほか、道具や舞台装置を乗せて運んだ。背景のスクリーン（軍隊・教会・警察等、周囲の世界を風刺したゲオルク・グロス作の漫画、それに風景映画も写し出された）と組み合わせて、主人公の兵卒シュヴェイクの前線への行進等、人物の移動や旅を叙事的・象徴的に表現することに成功したようである。

例えば第二部第二場のブドワイスへの行進の場では、前方のベルトが右から左へ動くと、シュヴェイクがそれに乗って歌を歌いながら左から右へ行進する。その場合、彼は歩いているのに、客席からは舞台に静止しているようにみえる。両者が出会うとベルトが止まり、二人は会話を始める。そこに、同じベルトに乗って老婆が立ったまま現われる。両者が出会うとベルトが止まり、二人は会話を始める。会話が終わると、ベルトはまた動き出し、老婆の姿が視界から消え、シュヴェイクは先へ行進していく。やがて、前方のベルトに乗って里程標、木々、町の標識が現われ、同じく右から左へ移動する後方のベルトで酒場が運ばれてくると両方のベルトが止まる、というような具合であった。[9] 初演の翌日、一九二八年一月二四日の新聞で、ベルト舞台に乗った俳優（シュヴェイクを演じたマックス・パレンベルク）が

一〇歩あるく距離が人生全体の行路となる。もう一本のベルトにはこの世の様々な現象が運ばれて彼に向って来て、空からは雪が舞い降り、まるで舞台が時間と空間を克服したかのようである。[10]

と評されているのを見ると、ベルト舞台の象徴的作用は明らかであろう。

ピスカートアがマックス・ブロートとハンス・ライマンの原脚色を棄却して、ブレヒトらと新たに脚色し直した意図は、原作の小説の核心を、つまり受動的な主人公の人生をめぐる絶え間ない動きや変化を、舞台用のドラマに作り変えることにあった。

シュヴェイクは移送される——監獄へ、監獄から別の所へ——シュヴェイクはミサに行く助任司祭の道中を御供する、シュヴェイクは検査のために車椅子で運ばれる、彼は鉄道で前線へ向けて輸送され、彼の連隊を探し求めて、何日も何日も行進し続ける、彼の周りには絶え間ない動きがある。すべては絶えず流れ動いている。(11)

このように、みずから原作の特徴を捉えたピスカートアが、その叙事的内容を効果的に引き出し表現する手段として採用したのが、ベルト舞台であった。彼のベルト舞台はこのように、主に人物の移動や旅の表現のため、すなわち道として使われたわけである。彼はこの可動的な機構の使用によって、「場所・時間・空間の古典的統一を廃止し」(12)、舞台のあらゆる秘められた魅力を引き出すことに成功したという。そして、演劇芸術に新しい次元を切り開くことになった。だから確かに、彼の演出の独創性と芸術的な表現力は十分に評価しなくてはならない。しかし既述のように、少なくともグルックのオペラの演出にすでに先行例が見られ、まったくの無から生み出されたわけではない。ピスカートアもたびたび使用したように、そもそも回り舞台が、その有力な発想源ではなかろうか。そして舞台装置やスクリーンと組み合わせて、人物の移動や旅の表現に使われたピスカートアのベルト舞台は、歌舞伎の回り舞台と花道（花道もラインハルトが導入して成功している）の機能を融合したようなものだと考えられないだろうか。ピスカートアは一九二九年、『ベルリンの商人』の演出にもベルト舞台を使用した。

3　『肝っ玉おっ母』の旅と回り舞台

ブレヒトはピスカートアの『実直な兵卒シュヴェイクの冒険』演出に協力して以来、ベルト舞台や回り舞台の効果に心引かれてきた。『肝っ玉おっ母』の演出に回り舞台を使用した方法は、引用したピスカートアの指摘にある通り、やはり彼のベルト舞台にヒントを得たものであろうと思われる。それでは、ブレヒトにおける回り舞台の使用とは、どのようなものだったのだろうか。一九四九年のベルリン初演に基づいて作られた『肝っ玉おっ母』の「上演モデル」(Couragenmodell 1949)[13]によって、回り舞台が使われたと思われる場面を見てみたい。

このドラマは三〇年戦争が背景となっている。プロローグでは、肝っ玉おっ母と彼女の家族が「戦場に向かう長い旅路」にあることが示される。幕が開くと二人の息子、アイリフとシュワイツェルカスが幌車を引いて登場し、車の上にはおっ母と唖娘カトリンが乗っている。舞台装置は何もない。彼らは移動しながら、

隊長さん、いくらあんたの家来でも

腸詰くわずにゃ、死なされねえ。
そこは、肝っ玉おっ母の才覚さ
肉のなやみ、霊のなやみも、酒しだい。

とおっ母の商売歌を歌い、カトリンはそれに合わせてハーモニカを吹く。彼らの登場について「肝っ玉の幌車が逆向きに回転する回り舞台の上を前方に向かって来る」と「上演モデル」に記されている。ここから察するに、客席から見ると、幌車は回り舞台の上を車輪の回転に比べて非常にゆっくり進むか、あるいは舞台の上にほとんど止まっているように見えたに違いない。ここには記されていないが、その際、彼らは回り舞台の縁に沿って移動したはずである。舞台装置のない、いわゆる「何もない空間」の中で、回り舞台の回転に合わせた幌車の前進は、おっ母の限りない旅を象徴しており、この回り舞台の使用法[14]は以後、特に第七場と第一二場において明瞭な形で繰り返される。プロローグはすぐそのまま次の第一場に移行する。

さらに「上演モデル」を見ていくと、第七場でカトリンと従軍牧師が幌車を引いて後方から登場し、客席に平行に舞台前縁を進んで行く。この時、おっ母の戦争商売は絶頂期にあって、幌車には新しい商品がぶら下げてあり、おっ母は指にリングをはめ、首には銀貨のネックレスを巻き、誇らしげに戦争賛歌を歌いながら幌車と並んで闊歩する。息子たちは戦争に取られて行方不明になり、あるいは射殺されており、前の第六場でカトリンが兵士たちに顔に傷を負わされたばかりで、痛々しい包帯姿にもかかわらず、である。第八場ではスウェーデン王が戦死して束の間の平和が訪れた後、再び戦争が始まるが、その時、従軍料理人とカトリンが幌車を引いて、おっ母は「ウルムからメッツ、メッツからマーレン！／肝っ玉おっ母はどこまでもついていく／戦争させるにゃ食わさにゃならぬ」と歌いながら、戦地へ旅立っていく。第九場で、落ちぶれたおっ母は従軍料理人にウトレヒトへ行って商売しようと誘われるが、彼を置き去りにして、カトリンと再び幌車を引いて出発する。第一〇場では、おっ母とカトリンが幌車を引いて農家の前までやって来て立ち止まり、しばらく家の中から漏れてくる定住者の幸福の歌に聞き入り、またもや車を引いて立ち去る（次の第一一場では、おっ母が町に買い出しに行っている間に、カトリンが農家の家畜小屋に上り、太鼓を叩いて町の人々に敵の来襲を知らせようとして、兵士たちに射殺される）。

そして最終場、第一二場においておっ母は、死んだ娘に子守歌を歌って幌布を掛けてやり、埋葬費を農夫たちに渡すと、連隊を追って去って行く。その幕切れ、おっ母の商売歌が聞こえ出すと、回り舞台が回転し始め、おっ母がただ一人、幌車を引いて回り舞台を一周し、次に上手後方に向かって行って幕となる。第一二場は前場の舞台装置（農家と家畜小屋）を取り去り、まったく何もない舞台の上を幌車が移動したので、第一場（したがってプロローグも）を想起させたようである。

この幕切れの効果について、かつてブレヒトの演出に参加したマンフレット・ヴェークヴェルトが演出現場のエピソードを紹介している。[15] ブレヒトは最初、おっ母が果てしない戦争へ向かって消えて行く様を表現したくて、おっ母に幌車を引かせて後方に向かわせ、本当に舞台上から消え去らせたが、平凡な退場だった。ところが偶然にも、おっ母役のヘレーネ・ヴァイゲルが演出家たちの意見を聞きに再び前方に戻ってくるのを見た時、驚くほどの効果があった。彼女はまさに、限りない旅を続けるかのようにみえたという。そこでブレヒトはヴァイゲルに、幌車を回り舞台の縁に沿って次のように引かせることにした。

まず後方に向かい、それから幅一二メートルのホリゾントに沿って移動した後、再び前方に向きを変え、そのまま客席の方へ向かって進んだ。その後再度、後方へ方向転換し、幕が閉じた。[16]

つまり、この作品全体を通じて、おっ母の幌車が回り舞台の縁をぐるぐる回る時は、各地を経巡り歩いているのだという了解ができている。したがって、幕切れで幌車が一周して客席に近付いて来たのにもかかわらず、それは遠ざかって行く意味に受け取れた、というわけである。このようにヴェークヴェルトは回り舞台の上の幌車の動きを記号として捉え、演劇における記号の二重の意味作用に論及している。

ブレヒトの『肝っ玉おっ母』における回り舞台の使用法は、以下のように考えられよう。

第一に、彼の目的は従来の基本的な用い方――場面転換のために装置を速やかに取り換える技術的使用――にはなく、ほとんど「何もない空間」で、登場人物を幌車と共に回り舞台の盆に乗せて、盆をぐるぐる回転させることにあった。したがって、ピスカートアの場合のように、背景のスクリーンや舞台装置と組み合わせて舞台を回すとか、歌舞伎でよく見られる盆と一緒に舞台装置を回して視覚的効果を狙う、というような使い方はしなかった（もちろん、野営テントその他の簡単な舞台装置は使われたが）。

第二に、幌車が回り舞台の回転とは反対の方向へ移動する場合、同じ所に止まって見えるか、ゆっくり動いているようにしか見えないような使い方、そして、幌車が回り舞台の周縁をぐるぐる回ることで長い旅路を表わすという使い方である。

要するに、肝っ玉おっ母やその子供たちが商売道具の幌車を引き、戦場を追って果てしない旅をするという、もっぱらそのために回り舞台が使用されたのだ。ブレヒトは人物の移動に回り舞台を使ったわけだが、この意図に関していえば、ピスカートアのベルト舞台と共通しており、はっきりした影響の跡がうかがわれよう。特に、おっ母たちが幌車を引いて回り舞台の回転とは逆方向に進んで行く際、車輪は回り、足は動いているのに、彼らと幌車は一つ所に静止しているような印象を与える。この使い方と効果は、既述のピスカートアのベルト舞台の場合とよく似ているようにみえる。[17] しかし、両者の相違も明らかである。ピスカートアのベルト舞台は、人物の歩行に合わせて背景の舞台装置やスクリーンを動かし、人物の移動を視覚的によりリアルに表現しようとするが、ブレヒトの場合は、背景の装置を使わないで、むしろ観客の想像力に訴えようとする。また、回り舞台の周縁をぐるぐる巡ることが果てしない旅を意味すると述べたが、これも同様の効果を発揮する。

このように、回り舞台が独特の方法で使用されたので、人物の移動、すなわち旅について、さらに人生そのものについて、動の中にも不動の、変化の中にも不変の印象を強める結果になったように思われる。

野戦酒保商人である肝っ玉おっ母は、戦争（三〇年戦争）を相手に商売をし続け、戦争によって子供たちを次々に失っていく。けれども彼女の生き方、人生は一向に変わらない。そこで、幌車が筋の展開の重要な節目に現われ、回り舞台の回転に合わせて移動するが、その車輪の回転と回り舞台の回転は、彼女のいつ果てるとも知れぬ長い戦争人生を、生の変転における不変の側面を象徴的に描いてみせることになったといえるだろう。その回り舞台はおっ母の子供たちを次々に振り落としながら、変わることなく回転し続けたのである。

4　回り舞台と道行

本家の日本の歌舞伎では、普通、ブレヒトの場合のように空の盆を回すことをしない。絢爛豪華な、あるいは大掛かりな舞台装置を場面ごとに取り換えて使う必要から、回り舞台は装置の速やかな転換に利用される。それは技術面の効果や時間の節約のためだけではない。舞台と共に飾り付けた装置を回すことによって、その場面を別の角度から見せ、あるいは場面の移り変わりや、局面の展開そのものを観覧に供するからだ。いわば、生の変化と多様性を万華鏡のようにぐるっと回してみせるのである。例えば歌舞伎の『佐倉宗吾』や『野崎村』の旅立ちの場面では､舞台を半回し（九〇度）とか本回し（一八〇度）にし、人物が舞台の回転とは逆の方向へ歩み、屋敷の脇を通ったり、裏側に回る様まで見せたりする。ブレヒトとは舞台の回転と人物の歩き方は同じであるが、その舞台面の何という違いであろう。特に『佐倉宗吾』の雪の子別れ場面は、舞台が半回しになりつつ、父の宗吾と子供たちが舞台の上をその回転とは反対方向に歩いて行くが、この場面は親子の永久の別れの瞬間を高速度撮影的に引き延ばして印象付けているわけである。やはりブレヒトとは違って、生の移り行く局面を印象的に描いているということができる。それに対してピスカートアのベルト舞台は平面的で、人物の移動をそのまま移動カメラで追った映画のようであるが、人物・マリオネット・道具・装置・スクリーンと組み合わせて、生の変化と多様性を表現している点で、むしろ歌舞伎の回り舞台の作用に近いといえよう。ブレヒトの回り舞台はこのように、歌舞伎の方法を受け継いではいないのである。

さらに、旅立ちの舞台的表現自体に、ブレヒトと歌舞伎との間に差が出てくる。ブレヒトでは、既述のように、人物に回り舞台の上を旋回させて遠くへ旅立つことを表現させているが、歌舞伎では、いわば道をかたどったもう一つの舞台、花道を使ってそれが表現される。『佐倉宗吾』の雪の子別れ場面で、舞台を回して子供たちが宗吾にしがみつき、行かせまいとする様を見せた後、宗吾はそれを振り切って花道に立ち、足早に去って行って幕となる。また『野崎村』の幕切れでは、舞台を本回しにして土手の場面に切り替えた後、両花道を使い、お染は母お常と共に船で本花道を、久松は駕籠で仮花道を、それぞれ旅立って行く。河竹登志夫氏は「花道論[18]」において、花道は日本文化（歌舞伎の世界）にしか生まれなかった特異な舞台機構であることを論じているように、回り舞台とは反対に西洋演劇に根付くことなく、今日に至っている。

しかし、それでもなおブレヒトにおいては、既述のように、回り舞台の独自な使用法で時間と空間が処理されているのであり、そこに一種の「道行」といえるようなものが表出されているのではないだろうか。すなわち、肝っ玉おっ母たちが幌車を引いて舞台に現われ、回り舞台の上を旋回しながら旅を続けるのは、三〇戦争の中、人生の無常を果てしなく旅して歩く母子道行と見えてこないだろうか。郡司正勝氏は「道行の発想」の中で、日本演劇における道行の特色について

〈舞台〉の時空は、むしろ「流れる」ことを封じる性格をもつ。いや、もつというよりそういう力を発揮するところだといったほうがよい。（……）時間を空間のなかに封じこめるのが、

道行の場合の舞台の意義であり、舞の本儀だといったほうがいいのではないか。(19)

と述べている。つまり、日本演劇の道行は、ある地点からある地点への移動を表現するのではなく、一つの舞台をあちこちさまようことを特色としている、ということになる。人形浄瑠璃や歌舞伎の道行物が舞の形をとるのはそのためである。そうであるとすれば、ブレヒトの回り舞台における幌車と母子の行進も、時間を巧みに空間に変換しており、道行の理念に近いものを感じさせるのではないかと思われる。そして、日本演劇の道行が、現世での特定の目的地への旅行というより、浄土への永遠の旅路を意味するとすれば、ブレヒトの回り舞台の回転も、やはり永遠の（ただし救いのない）旅を象徴しているのではないだろうか。

ブレヒトの回り舞台は、以上のように人生の旅を巧みに演出し得たが、そればかりでなく、その幌車を引いての行進は、同時に、旅芸人の移動と芸能の場への登場を思わせずにはおかないだろう。幌車は旅役者の車――芝居を持って町に現われ、しばらく滞在してはまた去って行くあの「テスピスの車」――と二重写しになる。またさらに、肝っ玉おっ母とその子供たちが幌車と共に現われ、回り舞台の上を巡る様子は、歌舞伎でいえば役者が花道を歩むのに似て、役者の登場と退場を演劇的に印象付けているかのようにみえる。現にその際、おっ母たちは商売歌を歌うが、そうなったのはおっ母役のヴァイゲルが望んだからで、ブレヒトら演出陣はもともと元気がよくて「舞台効果のある登場歌」を予定していたのだという。[20] 否、このことを持ち出すまでもないだろう。商売歌による登場もメタシアター的構造を十分証明している。したがって幌車は、作品の中で『肝っ玉おっ母』というドラマを各地に運んで回り、また客席のわれわれ観客にもドラマを運んでくるという、二重の意味で「テスピスの車」なのではないだろうか。

ブレヒトはこのドラマをデンマーク亡命中に制作したが、一九五三年のコペンハーゲン公演のために書いた小文の中で、ベルリン初演について、次のような表現を使った。

肝っ玉の幌車が一九四九年、ごろごろ音を立ててドイツの舞台に登場した時、このドラマは、ヒットラーの戦争が引き起こした計り知れない荒廃を解き明かすことになった。[21]

おわりに

ブレヒトの回り舞台には、ピスカートアのベルト舞台を経て、日本演劇の手法が間接的に流れ込んでいる。ブレヒトはこのドラマに「三〇年戦争の一記録」と副題を添えたが、肝っ玉おっ母の人生と戦争の関係を叙事的に表現する重要な手段として回り舞台を採用した。舞台の演技平面を動かして、人物の移動や道行を叙事的に表現したのだ。ブレヒトの回り舞台にはベルト舞台から流れ込んでいる花道の機能と意味が生きているように思われる。しかしピスカートアの舞台は、多様な表現手段を投入しながら、動く絵画に留まり、映画的な手法に接近しすぎた嫌いがある。それに対してブレヒトの回り舞台は、歌舞伎の方法をとらなかったにもかかわらず、観客の想像力に訴え、演劇空間の表現の可能性を拡大することに成功しており、別の次元で日本演劇の理念に近付いているように思える。

注

（1）マルソー、イェーリンク対談『パントマイム藝術』尾崎宏次訳、てすぴす双書63、未来社、一九七六年、一〇三頁。「ブレヒトが回り舞台を使用したとき、新しい次元が生まれています。回り舞台をドラマティックにつかった最初ですね。」

（2）日本と西洋の回り舞台の創始者については、杉野橘太郎「東西廻り舞台とその創始者」、『早稲田商学』一二六号、一九五七年、七三一～七六六頁が詳しい。

（3）実際は一九四一年四月のチューリッヒ初演において、すでに回り舞台が使われており、この時の舞台美術は基本的にベルリン初演にも踏襲されたが、フィンランド亡命中のブレヒトはこの上演に直接関与していない。ベルリンで回り舞台を採用した際、彼の念頭にあったのは、みずから体験のあるピスカートアのベルト舞台の効果だったはずである。

（4）*Bertolt Brecht. Gesammelte Werke 16. Schriften zum Theater.* Suhrkamp Verlag. Frankfurt am Main 1967, S.594.

（5）Erwin Piscator: *Theater der Auseinandersetzung. Ausgewählte Schriften und Reden.* edition suhrkamp 883. Frankfurt am Main 1977, S.96. またピスカートアによれば、ブレヒトは彼に「私の芝居でベルト舞台を使いたい」と言ったという。Erwin Piscator: *Zeittheater. „Das Politische Theater" und weitere Schriften von 1915 bis 1966.* rowohlts enzyklopädie 492. Reinbek bei Hamburg 1986, S.330.

（6） Friedrich Kranich: *Bühnentechnik der Gegenwart.* I.Band. München und Berlin 1929, S.268.

（7） Karl=Ludwig Schröder:„Die Drehbühne als Dramaturg". In: *Die Schaubühne*, 4. Oktober 1906, II.Jahrgang, Nummer 40, S.332.

（8） Erwin Piscator: *Das politische Theater.* Adalbert Schultz Verlag. Berlin 1929, S.187-203.

（9） この、シュヴェイクが歩いているのに静止して見える様子は、映画『天井桟敷の人々』の中で、ジャン・ルイ・バロー扮するパントマイム役者バチストが背後の風景を表わす舞台道具の移動に合わせて足を動かし、移動しているかのように見せるが、実際は舞台の真ん中に留まったままなのを、さながら想起させる。

（10） Günther Rühle: *Theater für die Republik 1917-1933. Im Spiegel der Kritik.* S.Fischer Verlag. Frankfurt am Main 1967, S.845.

（11） Erwin Piscator: *Das politische Theater, a.a.O.*, S.189.

（12） *Ibid.*, S.190.

（13） Klaus-Detlef Müller (Hg.): *Brechts Mutter Courage und ihre Kinder.* suhrkamp taschenbuch materialien. St 2016. Frankfurt am Main 1982, S.124-193.

（14） この回り舞台の使い方は一九五四年一〇月、『コーカサスの白墨の輪』の東ベルリン初演において、台所女中グルシェが山間を逃亡する際にも採用された。「子供を背負って、孤独に、何もない回り舞台の上を、その回転とは逆向きに歩いてきた。」*Die Zeit*, Hamburg, 14.10.1954. In: *Brecht in der Kritik. Rezensionen aller Brecht-Uraufführungen sowie ausgewählter deutsch-und fremdsprachiger Premieren. Eine Dokumentation von Monika Wyss* mit einführenden und verbindenden Texten von Helmut Kindler. Kindler Verlag, München 1977, S.263.

（15） Manfred Wekwerth: „Der Zeichencharakter des Theaters. Ein Experiment". In: Klaus-Detlef Müller (Hg.), *a.a.O.*, S.220-222.

（16） *Ibid.*, S.221.

（17） ベルリーナー・アンサンブルは「回り舞台のない舞台で、酒保商人の幌車が限りなく前進して行く様を表わすにはどうしたらよいか」という質問に対して、一つの解決策として注（9）に例を挙げたような、パントマイムによる方法を勧めている。二輪だけ見せて車の中からひもで回し、実際には車を移動させないで、車を引いて歩いているようにパントマイムで見せる方法である。*Ibid.*, S.207.

（18）河竹登志夫『歌舞伎美論』東京大学出版会、一九八九年、一四一〜一六五頁。

（19）郡司正勝『かぶきの美学』演劇出版社、一九七五年、四版、一五八頁。郡司はまたジャン・コクトーの映画『オルフェの遺言』に触れ、この西洋人の芸術の中にも「結局のところ、人間は、ひとつところをうろついているだけだという」「永劫の人生の旅」に似たものがあり、道行の発想があると指摘している。同書、一五四〜一五五頁。

（20）Klaus-Detlef Müller (Hg.), *a.a.O.*, S.132.

（21）*Ibid.*, S.247.

〈付記〉

『肝っ玉おっ母とその子供たち』からの引用は、ブレヒト戯曲選集、第二巻、白水社の千田是也訳を使わせていただいた。

第四章
カトリンの身体言語と歌舞伎的手法

はじめに

ブレヒトは欧州巡業中の筒井徳二郎一座の芝居を見て（一九三〇～三一）、その歌舞伎的な技法を叙事演劇の開発に応用可能かどうか模索したようだ。第二章では『男は男だ』のベルリン公演に、そのような試みの跡と歌舞伎との類似点を探ってみた。中国の京劇の名優梅蘭芳《メイランファン》の演技を見て影響を受けるのはその数年後（一九三五）であるが、彼は常に、内面の現象を異化的に表わすことができる身体動作とその彫塑的表現の創造に腐心し、東洋的な手法と出会えば、それを自身の表現の中へ転用する工夫を試みた。デンマーク亡命中の一九三九年に成立した叙事演劇の代表作『肝っ玉おっ母とその子供たち』（以下『肝っ玉おっ母』と略称）には、まさにそのような身体言語が満載されており、作者はこの作品を「身振り収集劇」(1)とまで呼んだ。

前章で取り上げた回り舞台は、いわば叙事的な道具として、変わることのない肝っ玉おっ母の人生と戦争の関係を水平に紡ぎ続けた。それに対して、このドラマに登場する彼女の娘カトリンの太鼓と身体言語は、いわば垂直の飛躍、筋の展開を超越したかのような劇的な表現をもたらす。一九四九年一月、ベルリンのドイツ座で初演された時、アンゲリカ・フルヴィッツの演じたカトリンが、太鼓を乱打してハレの町を皇帝軍の攻撃から救う場面が、大きな感動を呼んだ。この場面が好評を博したのは、作品の中で最も弱き者が、生命を賭して最も英雄的な行為をなし遂げたからであろう。

しかしカトリンの身体言語には、作品を通じて独特の印象深い表現法が使われており、そればかりでなく、直接の影響関係はなさそうであるが、この人物の変身過程と舞台的形象化に歌舞伎や文楽に近い手法を認めることができるように思われる。もちろん、肝っ玉おっ母の身体表現には、ヘレーネ・ヴァイゲルが演じて有名となった「沈黙の叫び」等、見るべきものが多いが、ここではカトリンを中心に論じたい。

1　身体言語と仮面性

周知のように、カトリンという台詞のない役は当初、スウェーデンでの上演を希望していたブレヒトが、スウェーデン語を知らない妻ヴァイゲルのために考案したものだったが、その表象的な表現力によって豊かな存在感を得ることになった。カトリンの登場する場面は、写実劇が展開するような人間対人間の行為の描写を超えて、あたかも超自然界へ訴えかけるような印象を与え、観客もその磁力に引き付けられる。また回り舞台の作用と同様、カトリンの身体言語と表情の仮面性は、L・エイベルの言う意味で、(2)メタシアターの観点から関心を呼ぶ。肝っ玉おっ母の言葉によれば、カトリンは子供の頃、兵士に口の中へ物を詰め込まれたことが原因で声を奪われ、唖者となっている。したがって彼女はもの言わぬ人形のような存在として登場するが、その一連の変身・変貌の過程を経て、最後には太鼓の連打によって、ブレヒトが「石がついに口を開いた」と言い表わしたように、作品中最も豊かな表現力を得て大変身を遂げる。彼女は作品を通じて一二年間の間に（最初は二〇歳で登場）、徐々に変身・変貌していくが、その大部分は他から強制された、ネガティブなものであることが特徴である。

歌舞伎では、人物の性格や内面の変化が言葉だけではなく、身体言語、メーキャップ、衣装、さらには鳴り物、道具、舞台装置等が作る情景との連合やモンタージュによって印象的に表現されるが、ブレヒトのドラマにおいてもしばしば類似の手法が用いられる。

カトリンの変身・変貌も写実的なものではなく、際立って演劇的な描写となっている。まず第三場で、肝っ玉おっ母が従軍牧師や料理人と政治談義に興じている間、カトリンは従軍娼婦のイヴェットが置いていった帽子をかぶり、彼女の赤い靴を履いて、しなをつくって娼婦の歩き方をまねる。野戦酒保商人の娘としてつねに労働に従事し、自由な恋愛など考えられないカトリンが、気楽なイヴェットの生活に憧れて変身を試みるわけだ。これは、作中人物の一人演技である。この気取った仕草を大真面目な表情で「ぎこちなく、不器用に」演じて観客の笑いを誘ったフルヴィッツを、ブレヒトは評価している。(3) しかしこの変身行為は、次の瞬間に起きる出来事と一体になって真に効果を発揮する。すなわち、カトリンが娼婦の帽子と赤い靴で変身を試みている最中に、突然、旧教軍の襲撃があり、砲声と銃声の轟く大混乱の中で、彼女は母に帽子と靴を脱がされた上、顔一面に灰(4)

を塗り付けられる。

うん、悪くねえ。糞だめの中もぐり回ったみてえだ。

灰の化粧を娘に施すことは、兵士の気を引かないためのカムフラージュで、確かに戦争慣れした肝っ玉おっ母の愛情の現われであるが、意図された演劇的表現としては目立って刺激的に作用する。なぜなら、灰による化粧は、前場面の変身の試みとの関係で、カトリンの虐げられた存在をより際立たせることになり、さらに、彼女がいわばこの負の変身を強いられる直前に、新たな商売のために白粉を顔にはたきながら戻ってきた娼婦イヴェットの白い厚化粧との対比において、歌舞伎に同様の手法を発見したエイゼンシュテイン張りのモンタージュ効果を発揮するからである。

ね、どう?　おしろい濃すぎやしない?

同様のモンタージュは、後の第八場で、オーストリアの大佐夫人に成り上がり、太って、厚化粧をして登場する元娼婦（イヴェット）と、顔に負傷して人前に出たがらないカトリンとを対照的に描くところでも使われている。

ものが言えないカトリンは常に、別の存在になりたい、あるいは、本当の自分を表現したいと思っている。彼女は人形のように振る舞い、いつも身体で語る。喉音を発することもあるが、それも言葉というより、身体的である。他の登場人物は言葉と仕草を使い分けるが、彼女には身体と仮面のような顔の表情よりほかに自己を表現する方法がない。カトリンという人物は素材としてすでに演劇的な存在であり、自己表現の変身行為がメタシアター的な作用をする、つまり人間の社会は演劇であることを観客に意識させる。

第五場の砲撃を受けた村の場面で、負傷した農夫に包帯用の布をあてがうことを拒む母に対してカトリンは怒り、喉音を出しながら、板切れで脅しかかる。その後、農家の焼け跡から命がけで乳飲み子を救出し、e音で子守歌を歌ってあやそうとする。これらの行為によって初めて、彼女はポジティブな変身をみせ、自己を表現することに成功する。彼女にとって板切れは、そしてここでは乳飲み子ですら、変身のための道具なのである（もちろん作品の内容としては、乳飲み子は行為の目的である）。この場のカトリンの自己表現は第一一場の太鼓による変身へと本質的につながっており、その準備段階であるということができる。

反対に、カトリンがさらに虐げられた存在へと変身を強いられるのは、次の第六場である。肝っ玉おっ母のテント内の場面では、遠くから皇帝方の隊長ティリーの死を弔う太鼓と葬送曲が響いてきて、戸外ではしきりに雨が降っている。テント内の奥は酒場で、兵士たちが酒を飲んでいる。カトリンは戦争の永続を保証する従軍牧師の言葉を聞いて非常に怒るが、戦争によってしか生きられないおっ母は彼の言葉を信じて、カトリンを町へ品物の買い出しにやる。カトリンは出かける時、雨をよけるために亜麻布を頭からすっぽりかぶせられるが、(5)それは他方で男の目を引かないための、一種の変装のようにもみえる。しかしその効き目はなかったのか、しばらくして雨の中を、顔に血の滴る傷を負って帰ってくる。おっ母のテントで酒を飲んで帰った酔っ払いの兵士たちに襲われて暴行を受け、額と目の上を負傷したのだ。

兵士たちは雨を口実に隊長ティリーの葬儀参列を怠って、酒保の酒場にしけ込んでいたのだが、この場面の雨は、第二章で検討した『男は男だ』の場合と同様、自然現象の描写を超えたものだ。雨は、ここでは情欲および犯罪の背景的イメージとして、また人物の恐ろしげな変貌を強調する表象として作用する。歌舞伎においても情景を効果的に引き立てる場合、特に場の凄味を出すために雨（本雨か大太鼓の効果音）が使われることがある。例えば、『仮名手本忠臣蔵』五段目の「山崎街道」、『牡丹燈籠』の「幸手堤辻堂《さってづつみつじどう》」等だ。また、歌舞伎では降る雪も、別れ・責め・死など、やはり陰惨で悲しいイメージがあるが、ブレヒトの『屠殺場の聖なるヨハンナ』（一九三〇）においても、ヨハンナが雪の中で社会活動に挫折し、また、兵士に殴られて雪の中に倒れているのを発見されるのであり、これも同種の情景とのモンタージュである。(6)

カトリンはその後、さらに負の変身・変貌を続ける。おっ母は負傷した娘の顔に包帯をしてやり、彼女をなぐさめるため、欲しがっていた例の娼婦の赤い靴を履かせてやる。しかし、白い包帯と赤い靴による強いられた変装は、もの言わぬ人形としての、虐げられた存在としての悲哀を、一層強調することになる。

次の第七場で、カトリンは包帯姿で幌車を引き、さらに第八場では、包帯は取れたが、傷跡を残した顔で登場し、人目を避けようとする姿がみられる。ほんの一瞬の出来事であるが、久しぶりにテントを訪れた野戦隊付料理人が再会したカトリンの顔に驚いたちょうどその時、幌車の後ろから現われたおっ母は、両者が互いに向き合っている場に出くわす。その動きの静止した一こまを印象的に演じる方法を、ブレヒトはモデルブックに記している。[7] 料理人、カトリン、そしておっ母の三者がつくるその身振りの構図は、絵のような様式美を欠いてはいるが、歌舞伎の手法を想起させずにはおかないだろう。この瞬間、三人の人物は幌車とともに、いわば舞台装置と化すのである。[8] この場の料理人のショックは、次の第九場で、彼がカトリンを置き去りにしたまま肝っ玉おっ母を連れて自分の故郷へ帰ろうとする動機につながっている。

ところで、『処置』(一九三〇)のアジテーターたち、『セチュアンの善人』(一九四〇)のシェン・テ、『コーカサスの白墨の輪』(一九四四)の劇中劇の人物たちは、文字通り仮面を付けるが、ブレヒトの描く人物の多くは類型化され、デフォルメされており、大なり小なり仮面的な性質を帯びている。『肝っ玉おっ母』においては特に唖者カトリンが、身体的・仮面的表現に適しており、ブレヒトにとって独自の身体言語を創造するための実験的対象だったといえる。役者が顔に付ける仮面は、身体の動作で生きたものとなり、人格と感情を豊かに表わすことができる。そして身体は、仮面の表情によって生き生きした表現を獲得するといわれている。カトリンは台詞が無いゆえに、その身体動作は直接顔に反映され、そこに意味を投影する。ブレヒトが、

役者は自分の顔をあの真っ白な紙のように扱い、そこに身体動作で思い通りのことを記入する。(9)

と述べていることは、東洋の演技術全般に当てはまることであろう。そして、この顔と身体との演劇的関係を、カトリンは劇中の役として体現しているわけである。声を奪われ、顔に傷を負ったカトリン。唖者であることと顔の傷は、戦争という残虐な非人間的行為が残した痕跡である。彼女の顔は、今までにもまして仮面化している。仮面の作用と同様、負傷したカトリンの顔は、単に身体の一部ではなく、全身を支配して性格付け、社会的関係において形成された彼女の人格そのものを表わしていると言うことができる。彼女の舞台的造形にいわゆる異化効果が生じるのは明らかであろう。このように人格的変化と身体的変化を同時に（しばしば周囲の情景と組み合わせて）表現する方法は、歌舞伎の手法に一致している。

2　太鼓の乱打と変身

カトリンが顔に灰を塗られ、また傷を受けるのは、文化人類学的な見方をすれば、身体加工として通過儀礼的な意味を持ち、大人の女への変身（成長）過程を表わしているといえるかもしれない。第一一場の、カトリンが太鼓を打ち鳴らしてハレの町の人々を救う場面は、この作品の中で最も演劇的であると同時に、限りなく儀式に近付いている。[10]そして、この場の出来事自体が普遍的な演劇表現になりえているために、日本の歌舞伎や文楽の印象的な見せ場に一層接近しているように思える。

夜、新教徒の町ハレに皇帝軍が迫ろうとしている。見習士官と三人の兵士たちが農家を訪ね、町への道案内を強要する。農夫の息子が案内のために出かけた後、農夫とその妻は、町へ仕入れに行った肝っ玉おっ母から預かったカトリンをも誘って、町の人々を救ってくれるよう神に祈り始める。農婦の祈りから、町には彼らの親類の子供たちがいることを知ったカトリンは、突然「うめき声をたて」「物狂おうしく立ち上がる」と、幌車からこっそり太鼓を持ち出し、梯子を使って家畜小屋に上り（その後、梯子を上げてしまう）、町とおぼしき方向を見据えながら太鼓を打ち始める。その音を聞いた見習士官はあわてて兵士や農夫の息子と駆け戻り、農夫らとあの手この手の万策を巡らして太鼓打ちを止めさせようとするが、カトリンは彼らとの戦いに勝って太鼓を叩き続け、ついに、鉄砲で撃たれて死ぬ。その直後、太鼓の合図を聞き取った町から、大砲や早鐘の音が鳴り響いてくる。

カトリンはこれまで既述のような変身過程を経てきて、その傾向はすでにみられたが、この場で太鼓という変身の道具を使って、写実的行為のレベルを超えた垂直の飛躍を遂げる。実は、かつて酔っぱらった兵士に襲われた時、命がけで守った品物が太鼓だった。声を失った彼女は、ハーモニカと同様（第一場でハーモニカを吹きながら登場）、音の出るものに強い関心があったのだろう。しかし太鼓は彼女にとって、失われた声帯の代わり――自己表現の手段――以上のものとして作用する。もの言わぬ人形がこの場面に至り、他の誰よりも豊かな表現力を獲得するようになるのだ。

カトリンはこれまで、人為的に声を奪われた唖者として言葉とならぬ叫びを発することにより、顔に深い傷を負わされて仮面性を帯びることにより、そして今度は人道主義から命をかけて太鼓を連打することにより、そしてこれらの要素がすべて作用し合うことによって、超越的といってよい存在に舞台上で変身する。ついに彼女は、太鼓を打ち鳴らすことによって町の人々の命を救うという、いわば、奇跡を起こす人となる。最もか弱い、虐げられた娘が、他の誰もできないことをやってのけるのだ。

ただし、命がけの太鼓の乱打の場面ではあるが、やはり異化的な処置が施されている。カトリンと士官、兵士、農夫たちとの間の戦いは、他方でドタバタ劇の観を呈し、太鼓の音を「戦争らしくない音」（斧で木を切る音）で打ち消そうと騒音合戦を始めるなど、遊戯的で滑稽な要素も多く含んでいる[11]。

ここで展開される騒動は『コーカサスの白墨の輪』におけるアツダクの裁判場面と同様、社会的立場の転倒がもたらす、一種謝肉祭的な逆さまの世界を想起させる。しかしながら、このドタバタの末に奇跡が起こるのであり、その過程はまさに奇跡のために犠牲を求める儀式のようである。カトリンの身体行為と対比させて、その前に神に奇跡を祈り求める言葉だけの礼拝が置かれているのは、意味のないことではない。不安と恐怖に怯えながらも、一つの目的を見据えたカトリンの冷静かつ情熱的な行為と、その目的を遂げさせまいとうろたえ騒ぐ軍人や農夫たちの非理性的行動とが、悲喜劇的な争いを繰り広げ、それがカトリンの最期の一打ちと町の大砲の音まで、無駄のない儀式的展開をみせるのだ。

この場面の儀式性は、太鼓の音の作用と相乗して高まる。太鼓は、東洋においては日本の神楽、韓国のムーダンクッ等、神を招来するために使用されてきた。芝居や相撲の櫓太鼓もこの神招《かみお》ぎの儀礼に由来するといわれ、守屋毅氏は次のように述べている。

櫓太鼓は、舞台もしくは土俵に神をおろすための音響効果なのであり、また儀典がことおわれば、神をおくる音なのであった[12]。

郵　便　は　が　き

料金受取人払

麹町局承認

434

差出有効期間
平成28年11月
30日まで
(切手不要)

102 - 8790

205

東京都千代田区九段南
2-2-7 北の丸ビル 3F

えにし書房編集部　行

◎本書をご購入いただき誠にありがとうございます。
今後の出版企画に活用いたしますので、ご意見などをお寄せください。
メールでもお受けします→ info@enishishobo.co.jp

お名前（ふりがな）		
ご住所		
性別	年齢	メールアドレス

書 名

ご購入店

都道
府県　　　　　　　　　　　　　　　書店

本書をお知りになったのは

①書店・ネット書店で　②新聞・雑誌の記事で　③新聞・雑誌の広告で

④ SNS などネット上で　⑤友人からプレゼントされて

⑥その他（　　　　　　　　　　　　　　　　　　　）

本書へのご意見、著者へのメッセージなどありましたら、お聞かせください。

「こんな本が読みたい！」という本があれば教えてください。

ご協力どうもありがとうございました

太鼓の音は広範囲の多数の人々にサインを送ることができるばかりでなく、周囲に非日常的な空間を現出させ、その中で人格変容を可能にすることが知られている。この太鼓の音が劇において使われ、視覚的要素と結合されると、その作用は舞台の上のみならず、フィクションの外にいる観客にまで及び、観客はその非日常的世界の中へ取り込まれてしまう。『肝っ玉おっ母』においてカトリンの太鼓の連打（二拍子）[13]が呼び起こす感動は超心理学的なものであり、西洋演劇が遠い過去に忘れ去ったものである。なぜなら、太鼓の音は大地の響きとして、われわれの心の奥の原始的感情に訴えかけるからだ。エイゼンシュテインの表現を借りるならば、われわれはいわば太鼓の音を見、同時に演者の身振りを聞くという、この視覚と聴覚を交換および統合する共感覚性は、日本の伝統演劇が今なお豊かに持っている特色である。[14]カトリンの太鼓は、わけても文楽・歌舞伎の『神霊矢《しんれいやぐ》口渡《ちのわたし》』におけるお舟、あるいは『伊達《だて》娘《むすめ》恋緋鹿子《こいのひがのこ》』（『櫓のお七』）のお七の、物狂おしい太鼓打ちに類似のモチーフと表現を見出すことができる。

3　お舟とカトリンの太鼓

『神霊矢口渡』では、強欲な渡し守、頓兵衛が一夜の宿を借りた落人の新田義峯を恩賞目当てに討とうとするが、娘のお舟は奥方同伴の義峯に恋心を抱き、見初めたばかりの義峯を逃がすため、身替りとなって父に切られる。父が追手を集めるのろしを上げて義峯を追った後、お舟は櫓に上がって、生け捕ったしるしに村々の囲みを解く太鼓を激しく打ち、義峯を落ち延びさせる。もう一例、『櫓のお七』の方は、八百屋の娘お七と吉三郎は恋仲であり、吉三郎が紛失した刀のために切腹しようとしている時、その刀を見つけたお七が、吉三郎に会いに行って命を救うため、火の見櫓に上って、極刑を覚悟で、禁じられている町の木戸を開く合図の太鼓（元は鐘）を打ち鳴らす。

いずれもか弱く無力な娘が、愛する人のために命をかけて太鼓を乱打することによって、人間の能力を超えた存在に変身する。その一途に人を慕い思う心は全身の所作にみなぎり、太鼓の情熱的な音となって四方に彼方に響きわたる。太鼓の力強い響き、片肌を脱いで髪を振り乱した激しい所作、振り袖の鮮やかな色彩、これら音と動きと形と色が相互に作用し合って、強い磁力に満ちた、呪術的な世界を現出する。歌舞伎のお七は吉三郎に会いたい一心から櫓に上るまでの様子を、文楽から取り入れた人形振りで見せるが、その様式美の中に神懸った感情の高まりが現われている。他に似た例として、『生写朝顔話《しょううつしあさがおばなし》』の深雪（盲目の乞食に落ちぶれている）が、大井川の縁で川止めをくって、恋人に会いに行けない悲運を嘆く様も人形振りで表わされ、そこにも同様の、奇跡を願う憑依の身体言語を見て取ることができる。手負いのお舟の場合は、瀕死の状態で争いつつ頓兵衛の下男六蔵（お舟に思いを寄せていた）を刺殺し、恋い慕う女の情念が念力となり、超自然的な力となって村々の囲みを解き、稲妻と雷音の中、舟を漕いで義峯を追う頓兵衛の胸元へ白羽の矢が飛来して突き刺さる有様は、いわば神の招来を演劇的に表現しているとまでいえよう。(15)

お舟は、制止しようとする敵と戦いながら太鼓を打ち続けて果てるゆえに、カトリンの状況に一層近い。

六蔵　南無三、それをうたしてなるものか。

〽抱き留めるを突きのけはねのけ、又もやを振りあげる。おっと任せと後ろより、撥《ばち》引ったくり取らせじと、手負いながらも一生懸命、組んづほぐれつ女の念力。

ト両人立ち廻りながら、お舟太鼓を打つ。

〽さんを乱して打ち込む太鼓、南無三宝と打ち重なり、持ったる撥を取るより早く、川へ打ち込む六蔵が、脇差引き抜き切りつけられ、アッと一声たじたじ。

トよろしく立ち廻りあって、お舟六蔵の脇差をぬき肩先を切り、キッと見得。

〽むしゃぶりつくを又切りつけ、落ちたる鞘を振りあげて、めったむしょうに打つ太鼓。打たせじ打たんと死物狂い、今は命もこがらしや、吹きはらしたる太鼓の下、この世の息は絶え果てたり。

ト両人終始立ち廻り、トゞお舟持ちし白刃を取ろうとして、六蔵の腹へ突っ込み、両人一時に落ち入る。

〽歎きを余所に頓兵衛が、

頓兵衛　六蔵ヤアイ。

ト早い合方になり、頓兵衛舟へ乗り櫓を押して上手より出で来り、舞台真中まで来ると、白羽の矢飛び来りて頓兵衛の胸板へ立つ。これにてよろしく苦しむ。

〽怪し、恐ろし。

ト三重にて頓兵衛落ち入る。この模様、波の音にてよろしく。(16)

では、ブレヒトの書いたクライマックス、すなわちカトリンの太鼓打ちの場面のテキストは、どのようになっているであろうか。

見習士官（上のほうに） いくらたたいたって、町の連中には聞こえはせんぞ。その前に貴様をうち落としてやる。いいか、これが最後だぞ。太鼓を捨てろ！

（……）

弾丸箱をもった兵士が駆けてくる。

第二の兵士 大佐殿は口に泡ふいて怒っていますぜ、見習士官殿。私ら、軍法会議にまわされるに違いありません。

見習士官 銃を据えろ。据えろ。（銃が夾叉《きょうさ》の上に据えられる間に、上に向かって） いいか、これがいよいよ最後だぞ、たたくのをやめろ！ （カトリンは泣きながら、力の限り太鼓をたたく） 撃て！

兵士たちが発射する。カトリンは弾丸にあたりながら、なおいくつかたたき続けるが、やがてゆっくり倒れる。

見習士官　やっとおさまった。

しかしカトリンの最後の一打ちが終ると同時に、町の大砲が始まる。遠くから混乱した早鐘の音や大砲の音が聞こえて来る。

第一の兵士　あの女、とうとうやってのけやがった。

カトリンの太鼓の連打と歌舞伎の見せ場をつなぐものはまず、モチーフあるいは劇的内容における類似性である。ブレヒトの劇も歌舞伎の場合も、太鼓の機能はその現実的な遠隔伝達性を超えており、追い詰められた無力な娘が太鼓の音で念力を発揮して変身を遂げるのである。また、いずれの場合も、太鼓の音は他者の救済と同時に自己の死をもたらすことを意味する。自己を犠牲に捧げることと引き替えに、通力のような、普通の人間を超える力を獲得することになる。さらに、お舟の太鼓の音は、強欲非道の拝金主義者である父頓兵衛に対する激しい抗議の響きでもあり、それは、カトリンの打つ太鼓が、生活と金銭のために戦争を肯定する母を非難する声のように聞こえるのと符合する。モチーフの設定される状況はそれぞれ違っていても、モチーフとそれを構成する基本的要素は、ほぼ共通しているといえる。

しかし、より重要な共通点は、この劇的内容と表現形式との一体性、すなわち内容が表現そのものとなっているというところにある。なぜなら、太鼓の音のリズムと身体動作のリズムが組み合わされて劇的場面の内容をなしているからであり、したがってその組み合わせが彼女たちを超自然的な存在に変貌させ、奇跡を起こさせるのだということが可能だからである。太鼓の響きで変身するということは、そもそも写実的な出来事ではあり得ず、日常的な次元を超えた筋の展開からの飛躍であり、それ自体で演劇的表現なのである。逆にいえば、太鼓を打つという本来演劇的な行為が、舞台の上で芸術的現実として、ブレヒトの用語では「社会的身振り」として表現されているわけである。

さらにいま一つ、場面を意味づけている要素として、音と仕草のコンビネーションのほかに、その作用が発揮され、そこから意味が四方に発信される「場所」の役割を問わなくてはならない。この点においても、歌舞伎とブレヒトの作品の劇的場面に類似性を見出すことができる。お舟は櫓に上がって囲みを解く合図の太鼓を叩き、お七は火の見櫓によじ登って木戸を開ける合図の太鼓を打ち鳴らすが、その太鼓の連打は、神を招くために打つと言われる櫓太鼓を思わせると同時に、彼女たちが上がるその高所は、民俗的な宗教儀礼の神招ぎの場を想起させるであろう。[17] カトリンは家畜小屋の屋根に上って太鼓を乱打し、ハレの町の人々に敵軍の接近を知らせるが、彼女が座って太鼓を打つ、人の目よりもはるかに高いその屋根の上も、やはり人の近寄りえない、いわば崇高な場所とはなっていないだろうか。エーリカ・フィッシャー・リヒテは『演劇記号論』の中で、劇中の人間関係に関して水平の距離関係を問題にしているが[18]、ここでは垂直の位置関係に意味がある。

右で指摘した内容と表現の一致は、言い換えれば、人物が劇中で演技をするということであるが、この超自然的能力の発揮される場所は、劇中人物が演技するための特別な舞台である、ということができるだろう。この舞台の上の、言うならば〈超舞台〉で念力が演じられるような演技は、したがって、ストーリーをつなぐ水平的なものではなく、舞台平面に対して真上の垂直方向に向かい、演技の中の演技、演技を超える演技と見なせ、たとえ異化効果は働いても、パトスを伴う表現にならざるを得ないのではないだろうか。劇中の人物が突然、その人の本来の力を超える存在に変身する、そしてこの劇的内容が劇的表現そのものになりえているということ、これがカトリンとお舟たちの太鼓打ちにおける最も大きな共通点であろうと思われる。

ただしブレヒトは、これらの歌舞伎の見せ場にもない優れたモンタージュ効果を創り出している。若い農夫が見習士官に命令されて、カトリンの太鼓打ちを止めさせるため、彼女の大切な幌車を棒切れで叩いて壊しにかかっていたが、それを急にやめて次のように叫ぶ。

若い農夫（突然、棒きれを投げ捨てて）もっとたたけ。さもなきゃみんな破滅だ。もっとたたけ、もっとたたけ……

兵士がかれを投げ倒し、槍でぶんなぐる。カトリンは泣き出すが、それでもなお、太鼓をたたき続ける。

片や棒切れで幌車をたたき壊す音とその動作、片やばちで太鼓を打つ仕草とその響きが、しばらく舞台上でコントラストをなして互いの作用を強調し合うが、若い農夫の突然の「もっとたたけ」の反逆の叫びで、周囲のすべてのエネルギーが流れを変えてカトリンの太鼓と仕草に集中する。その瞬間ほど、彼女の身体言語の表現力が高まることはない。

4　受苦の主人公

もう一つ言及しておきたいことがある。これまで述べてきたカトリンの変身・変貌過程から明らかなことだが、このドラマ全体を通じての主要モチーフの一つは、若い娘があらゆる方法で虐げられ、いじめられた末に大変身を遂げる、ということである。ここで想起されるのが、歌舞伎における責めの美学である。お三輪、中将姫、阿古屋、お菊、雪姫、深雪、袖萩等は、様々な手段で責められ、あるいは運命によって虐げられるが、これら悲運の娘たちはまさに責め苛《さいな》まれ、いじめ抜かれることによって、常人を超える存在に変身したり、何らかの超自然的な能力を発揮したりすることになる。歌舞伎の場合、責めや迫害こそ飛躍、奇跡へのエネルギーを蓄積させることになる。その対象になるのは善良な男と並んで、若く、美しく、か弱い娘であることが多い。しかし郡司正勝氏は「責めのためにとくに選ばれた人間には、常人の肉体をもたない型がある」とし、それは「哀

れさ、苦患さ」を一層強調するためで、彼らは「舞台に登場する資格のある人間ということにもなる」と述べている。(19)

これらの条件を考え合わせると、ブレヒトの描いた唖者カトリンの人物像は、歌舞伎における受苦の主人公たちにかなり接近するのではないだろうか。ただし、カトリンの場合、責めの主体は特定の人物や運命というより、主に戦争という社会的状況である。彼女は歌舞伎の敵役のような人物によってではなく、不特定の兵士によって不具者にされ、また顔に傷を負わされるわけである。この残酷な体験が、「石がついに口を開いた」とブレヒトに表現させている飛躍への準備となる。歌舞伎では若い女がいじめ抜かれて変身、変貌する例が多いが、その一つの極まった形が怪談物である。ここにもある種の類似性が認められるかもしれない。カトリンは自分を不幸にした戦争社会に深い恨みを抱いており、怨念を含んだ、グロテスクな性格傾向を持っていることは確かだからだ（例えば彼女は自分が邪魔ものだと思い、料理人のズボンと母のスカートを重ね合わせて、行方をくらまそうとする）。それゆえに、舞台に見る彼女の包帯姿や傷痕のある顔は、そのような表象的な意味を帯びるであろう。また歌舞伎は総体に、江戸時代に弱い立場にあった庶民の変身願望を描き上げたものだが、カトリンのモチーフも、弱者が変身することで強者を打ち負かす物語となっている。

おわりに

以上、『肝っ玉おっ母』における特定のモチーフとその表現形式、身体言語に限って、ブレヒトの叙事演劇と歌舞伎との基本的な類似点を探ってみたが、他方で、両者の間には決定的な隔たりがあることも明らかである。歌舞伎は表現にあらゆる手段で装飾を施し、それを限りなく美的に様式化しているのに対して、ブレヒトの場合は叙事的な意味で様式化・類型化を目指していても、美的理想化は徹底的に避け、かつ異化的処置を行っているのである。あくまでも観客に対して社会の矛盾を認識させ、社会を変革させることが目的だった。歌舞伎が見せるお舟やお七の太鼓の場面は、娘の妖艶な仕草を音・色彩と巧みに組み合わせて舞踊化し、後者は独立した所作事にまで仕上げているほどである。また、責めや虐待の描写についても、歌舞伎には独自の美の追求があり、エロチシズムが備わっているが、ブレヒトにおいては欠如している。リアリストである彼には、若く美しい娘を男優が演じ、それをさらに責め苛むような、幾重にも屈折した倒錯の美は無縁であった。

このように、まったく異なった創作意図に基づいているにもかかわらず、ブレヒトの表現手法、人物造形には、歌舞伎との間に一定の類似点を認めざるを得ないのだ。既述の通り、『肝っ玉おっ母』の中では、特に身体言語に富んだカトリンの舞台的形象化は、歌舞伎の彫塑的表現にかなり接近しているのではないかと思われる。多くのブレヒト演劇と歌舞伎の最も類似しているところは、歌謡や語りの要素というより、筋の展開の中で人物が突然、変貌、変身を遂げるという点である。そもそもブレヒト演劇では演技、すなわち変身が常に意識されており、しかも劇の筋としての人物の変身と俳優の肉体上の変身の問題が複雑に絡んでいる。このような視点からブレヒト演劇と歌舞伎の接点を見出すことが可能なのである。

注

（1）『ブレヒト作業日誌1』岩淵達治他訳、河出書房新社、一九七六年、一七九頁。一九四一年四月二四日の記述。

（2）ライオネル・エイベル『メタシアター』高橋康成・大橋洋一訳、朝日出版、一九八〇年、二三六～二三七頁。

（3）Klaus-Detlef Müller (Hg.): *Brechts Mutter Courage und ihre Kinder* (suhrkamp taschenbuch materialien. st 2016). Frankfurt am Main 1982, S.112.

（4）ブレヒトのモデルブックの中では「すす」を使用するとなっている。*Ibid.*, S.147.

（5）ベルリーナー・アンサンブルの模範的舞台を記録映画にした *Mutter Courage und ihre Kinder von Bert Brecht. Die legendäre Bühnenfassung des Berliner Ensembles.* DDR 1960 (atlas film + av, Duisburg) 参照。

（6）『男は男だ』を扱った章でも引用したが、ブレヒトは「〈自然〉が奇妙な形で僕の作品の中に反映している」と述べ、『ヨハンナ』の中の「降雪も一つの社会的現象だ」と言っている。『ブレヒト作業日誌1』、前掲書、八三頁。

（7）Klaus-Detlef Müller (Hg.), *a.a.O.*, S.113f.

（8）これもすでに触れたが、ブレヒトは「叙事演劇の舞台装置と音楽について」という論文の中で、「舞台装置家にとって俳優たちは、ある意味では、舞台装置のなによりも重要な一部である」と言っている。*Bertolt Brecht. Gesammelte Werke 15. Schriften zum Theater I.* Suhrkamp Verlag. Frankfurt am Main 1967, S.411.

（9）*Bertolt Brecht. Gesammelte Werke 16. Schriften zum Theater II.* Suhrkamp Verlag. Frankfurt am Main 1967, S.621.

(10) リチャード・シェクナーは、パフォーマンスにおいては儀式の要素から芝居の要素への、逆に芝居の要素から儀式の要素への移行が絶えず起きるのであり、この両要素の緊張関係をブレヒトが、ブレヒト以前にはロシアのメイエルホリドが利用したと指摘している。Vgl. Richard Schechner: *Theateranthropologie. Spiel und Ritual im Kulturvergleich.* Aus dem Amerikanischen von Susanne Winnacker. Reinbek bei Hamburg 1990 (rowohlts enzyklopädie 439), S.97.

(11) ブレヒトは俳優たちに、子供がルーレット風の遊びに打ち興じるごとく演技するよう勧めている。Klaus-Detlef Müller (Hg.), *a.a.O.*, S.180.

(12) 守屋毅「日本の音曲考」、panoramic mag. is. vol.9、ポーラ文化研究所、一九八〇年、一一頁。

(13) モデルブックにはドイツ語の Gewalt の発音のように、弱強で打つと書かれている。Klaus-Detlef Müller (Hg), *a.a.O.*, S.118.

(14) エイゼンシュテインは二世市川左團次一座のモスクワ公演を見て、次のように述べている。「歌舞伎を見ると、あるアメリカの小説家の作品が自然と思い出されてくる。その作品のなかのある人物は、聴覚神経と視覚神経が転換させられているので、彼は光の波動を音として知覚し、空気の震動を色として知覚する。つまり彼は、色を聞き、音を観るようになっていたのである。同じことが歌舞伎で起こる！われわれは実際に〝動きを聞き〟、そして〝音を観る〟。」セルゲイ・エイゼンシュテイン「思いがけぬ接触」〈鴻英良訳〉、『映画理論集成』、フィルムアート社、一九八二年、五五頁。

(15) 今日のお舟の型は七世沢村宗十郎（一八七五～一九四九）が練り上げたものだと言われているが、その資料については『演芸画報』大正五年一月号、昭和三年二月号参照。

(16)『名作歌舞伎全集』第四巻、丸本時代物集三、東京創元新社、一九七〇年。

(17) 神楽やムーダンクッの舞台も「周辺から一段高くなった特別の場」であって、一般の人々はそこには上がれないのだという。諏訪春雄『歌舞伎の方法』、勉誠社、一九九一年、一〇六頁。

(18) Erika Fischer-Lichte: *Semiotik des Theaters. Bd.1: Das System der theatralischen Zeichen.* Tübingen 1983, S.87f.

（19）　郡司正勝『かぶきの美学』演劇出版社、一九七五年、四版、二四六頁。

〔付記〕
『肝っ玉おっ母とその子供たち』からの引用は、ブレヒト戯曲選集、第二巻、白水社の千田是也訳を使わせていただいた。

第五章

ガラス乾板写真「ドイツ歌舞伎」について

筆者の手元に、ガラス乾板を焼いた一九枚の「ドイツ歌舞伎」という写真がある。これらの写真の正体はしばらくの間不明であったが、数年の調査によって、その大部分が一九三八年一二月、トク・ベルツ翻案・演出によってベルリンで上演された『勘平の死』（『仮名手本忠臣蔵』五段目・六段目）の舞台写真であることが明らかになった。以下はその経緯について記したものである。

一九九九年二月二四日付で、大阪の松竹関西演劇部・演劇資料室より、筆者のもとに調査依頼の形で一九枚の写真が送られてきた。添えられた手紙には、「ドイツ歌舞伎」というタイトルを付して保管されていたガラス乾板を焼いたものと書かれてあった。古い写真のようであるが、写りは鮮明である。一目して、大部分は、西洋人が演じた『仮名手本忠臣蔵』五段目と六段目の舞台写真であることがわかった。

内訳は、楽屋で俳優が化粧中の写真二枚、御簾付きの床で見台を前に裃を着て浄瑠璃を語る太夫の写真一枚、五段目「山崎街道鉄砲渡し」の場の早野勘平の写真一枚、千崎弥五郎の写真二枚、「二つ玉」の場の与市兵衛と斧定九郎の写真二枚。六段目「与市兵衛内勘平切腹」の場では、与市兵衛女房おかやの写真二枚、勘平の女房お軽を連れにきた祇園一文字屋の写真一枚、駕籠かきの写真二枚（うち一枚はお軽が駕籠に乗っている）、おかやと勘平の写真一枚、与市兵衛の死骸にうずくまるおかやの写真一枚、勘平切腹の写真二枚（うち一枚に千崎弥五郎等が写っている）、どこかの日本の劇場で西洋人が団体で観劇中の写真一枚、楽屋で数人の西洋人が、髷をつけた舞台衣装のままの日本人役者と面会している写真一枚――以上である。

この「ドイツ歌舞伎」はいつ、誰が、どこで上演したものであろうか。楽屋で化粧の様子を写した二枚の写真には、背後の壁にドイツ語で「禁煙」（Rauchen nicht erlaubt）と書かれているようにみえるから、確かにドイツ語圏の国で上演されたものであろう。しかし、最後に挙げた二枚はどこかの日本の劇場で撮影された写真である（客席と楽屋において、西洋人たちが同じ服装で写っているから、両写真は同日に撮影されたものと思われる）。「ドイツ歌舞伎」の写真に、なぜ日本の劇場で撮影された写真が混じっているのであろうか。楽屋で写っている日本人役者は、調べたところ、大阪の名優、二代目實川延若（一八七七～一九五一）であることがわかったが、それと松竹関西演劇部に写真が保管されていたことと、何か関係があるのだろうか。

写真の年代については、ガラス乾板の使用と、写っている日本の劇場内の様子から判断して、第二次世界大戦中か、その前に撮影されたものであろう。そうであれば、候補として挙がってくるのが、ナチ時代の一九三八年、ベルリンでトク・ベルッが演出上演した歌舞伎『勘平の死』である。主催は独日協会（Die Deutsch-Japanische Gesellschaft）だった。写真を入手して間もない一九九九年三月、筆者は他の目的でベルリンに出張した際、芸術アカデミー資料館等でベルッ関係も含めて調査に当たったが、手がかりは全くつかめなかった。さらに二〇〇三年にもベルリンで調査を行ったが、やはり「ドイツ歌舞伎」の写真の正体を明らかにする成果は得られなかった。

そして二〇〇四年九月、ベルリンの国立図書館新聞部門で行った調査で、ようやく松竹に保管されていた「ドイツ歌舞伎」の写真が、トク・ベルッ演出による『勘平の死』の舞台写真であることを突き止めることができた。すなわち『勘平の死』を報じる多くの新聞の中でただ一紙、一九三八年一二月九日付『ベルリン国民新聞』夕刊に、「ドイツ歌舞伎」の一九枚の写真のうち、楽屋で化粧中の写真の一枚（図版①）と同一のものが掲載されていたのである。[1] そればかりでなく、二枚の写真で斧定九郎に扮した役者が雷文の帯を締めているのであるが、歌舞伎衣装に扮したベルッが、ある写真[2]の中でこれと全く同じ帯を締めて写っていることがその後の調べでわかり、さらに証明の裏付けが得られた。写真の正体がこのように明らかになると、次のことも納得できる。すなわち祇園一文字屋の写真に、女将お才と女衒《ぜげん》の源六の二人ではなく、男性一人（一文字屋主人と思われる）しか写っていないのは、ベルッの翻案台本が歌舞伎本ではなく、原典の浄瑠璃本に拠っている証拠である。これは一例に過ぎないが、「ドイツ歌舞伎」の写真は内訳からみて、『勘平の死』の主要場面を伝える貴重な資料であることがわかるのであり、上演台本と共に、多様な角度から分析が行われるべきであろう。

トク・ベルッは『勘平の死』を上演して約二年後の一九四〇年一〇月に、日独映画親善使節として来日を果たしている。日本の文化映画を製作してドイツに紹介するのが目的だった。経歴は次章で述べるが、彼は日本の近代医学の発展に貢献したエルヴィーン・ベルッの長男として東京に生まれ、一一歳で父の故国に渡って教育を受けた。母は日本人・花。来日の翌年、一九四一年七月二一日のこと、大阪市南区笠屋町の松竹会長白井松次郎宅で、歌舞伎の一流所である實川延若、阪東壽三郎、中村扇雀、守田勘彌、坂東蓑助、片岡我當、片岡市蔵等の役者を前にして、『仮名手本忠臣蔵』六段目の浄瑠璃をベルツがドイツ語で語って聞かせたことが、当時の新聞に写真入りで報じられている。[3]それも、「腹と咽喉を巧につかって声色を変える独特の発声法」で語り、そのうえ、大胆すぎるが、舞台での日本語の新しい発声法をも、歌舞伎役者たちに「伝授」したようだ。

この方面のベルツの能力を証明する例を挙げれば、一九三八年のドイツ歌舞伎の計画が持ち上がった時のことだ。ベルツがドイツ劇場附属演劇学校の校長の前でその一部を朗読して、「成功間違いなし」と確信させ、[4]また初日二日前にも、ベルリンの新聞会館のレセプションで朗読を披露し、その巧みな話術と演技力で、日独の多数の出席者を驚嘆させた。なお、歌舞伎役者を前にドイツ語の浄瑠璃を語った翌日の、ベルツを紹介するある新聞記事に、写真「ドイツ歌舞伎」一九枚のうちの一枚、勘平切腹の写真（千崎弥五郎等と一緒、二一五頁図版⑨）と同一のものが掲載

図版①　「ドイツ歌舞伎」化粧中の楽屋（松竹関西演劇部資料室蔵）。

されていることがわかった。(5) これで、写真の正体はいよいよ確かなものとなった。

先に触れた、西洋人が二代目實川延若と面会している写真（図版②）の中で、延若の右手に座っている人物は、顔が右側面しか見えないが、目鼻立ちや髪型などをよく調べてみると、トク・ベルツその人である。座る位置から推測すると、通訳を務めているようにもみえる。ベルツたちは舞台で芝居を見た後、直ちに幕間に楽屋を訪ね、延若に面会したに違いない。西洋人の服装から判断して、この写真は晩秋から早春の間に撮影されたものであろう。延若は共布の着付に羽織、二つ巴の家紋という、『仮名手本忠臣蔵』七段目、大星由良之助の扮装のようである。当時の資料を調べてみると、ベルツが来日したまさに一九四〇年一〇月、大阪歌舞伎座にこの演目がかかり、延若が七段目で由良之助に扮している。延若がその後、大阪の舞台で由良之助に扮するのは一九四二年四月（道頓堀・中座）と一九四三年二月および一一月（共に大阪歌舞伎座）である。

このようにベルツと西洋人たちが楽屋で由良之助に扮した延若と面会していること。このことが一九四一年七月にベルツが大阪の松竹会長宅で延若ら歌舞伎役者と会い『仮名手本忠臣蔵』六段目の浄瑠璃を語っていること、その翌日の新聞にベルリンでの勘平切腹場面の写真が掲載されていること。『勘平の死』の舞台写真に日本の劇場の写真が混じって「ドイツ歌舞伎」とタイトルをつけて松竹関西演劇部に保管されていたこと。これらの事柄と無関係であると考えるのは難しい。以上のことを総合して判断すると、ベルツら西洋人が楽屋で延若と面会している写真は、ベルツ来日後

図版②　實川延若と西洋人（松竹関西演劇部資料室蔵）。

の比較的早い時期に撮影されたものと推測できる。

こうして、松竹関西演劇部に保管されていたガラス乾板写真「ドイツ歌舞伎」の大部分は、トク・ベルツが一九三八年一二月にベルリンで演出上演した『勘平の死』の舞台写真であることが判明した。したがってこれらの写真は、ベルツが一九四〇年一〇月に来日後、大阪を訪れた際、彼自身が松竹（大阪）の関係者に手渡したものと推測される。そしてベルツたちが二代目實川延若の出演する『仮名手本忠臣蔵』を観劇したときの写真も、ベルツとの関係で、写真「ドイツ歌舞伎」の中に収められたのであろう。

日独映画親善使節として来日したベルツであったが、その後、戦争のため十分に使命を果たせず、またみずからの志を遂げないまま不治の病にかかり、長い闘病生活の後、一九四五年三月三〇日、父ゆかりの東大病院で死去した。

ベルツによる『勘平の死』のベルリン上演は、台本に浄瑠璃原典を使い、本格的な歌舞伎を目指した、それまでの演劇交流史において他に類を見ない試みであり、ガラス乾板写真「ドイツ歌舞伎」はその舞台の様子を伝える貴重な資料である。ドイツ歌舞伎『勘平の死』上演に関するより詳細なドキュメントは次章で扱う。

注

（1）*Berliner Volks-Zeitung*, Abendausgabe, 9. Dezember 1938. 掲載写真に関して〝photo. Atlantic〟と著作権者を明記している。さらに戦前・戦中の厖大な資料を保管しているコーブレンツのドイツ連邦公文書館（Bundesarchiv）から入手した資料（Aktenband R 64 IV/68, Bl.19）で、一九三九年一月一一日付でフォトスタジオ〝Atlantic〟がベルリン独日協会に宛てた文書によれば、日本人に扮した役者の写真三枚を同封で進呈し、これらの写真の著作権が同スタジオにある旨を通知している。このことから、松竹関西演劇部に所蔵されているガラス乾板写真「ドイツ歌舞伎」一九枚のうち、『勘平の死』に関した一七枚は、同スタジオによって撮影されたものと判断される。

（2）眞寿美・シュミット＝木村『花・ベルツへの旅』講談社、一九九三年、五一頁。ベルツはこの写真の中で稲妻柄の衣装をまとっており、歌舞伎『鞘当』の不破伴左衛門に扮しているように見える。

（3）一九四一年四月二二日付『大阪朝日新聞』（夕刊）、『大阪毎日新聞』（夕刊）、『大阪時事新報』（朝刊）等。

（4）トク・ベルツがベルリン独日協会会長リヒャルト・フェルスターに宛てた一九三八年一一月一八日付の手紙、Bundesarchiv, *a.a.O.*, Bl.168 参照。

（5）一九四一年七月二二日付『大阪朝日新聞』（朝刊）。

第六章

トク・ベルツのドイツ歌舞伎『勘平の死』

はじめに

西洋において歌舞伎は、一九世紀末から戯曲の翻訳・翻案、あるいは西洋人の公演や日本人劇団の巡業などを通じて、様々な形で受容されてきた。ドイツ人による日本劇公演の初期のものとして、第一章で取り上げたように、一九〇七年にケルン、一九〇八年にベルリンで上演されたヴォルフガング・フォン・ゲルスドルフ翻案の『寺子屋』が知られている。また同題材でフェリックス・ヴァインガルトナー台本・作曲の翻案オペラ『田舎塾』が一九二〇年、ウィーンにおいて上演され、さらにクラブントの翻案劇『桜祭』が一九二七年、ハンブルクで上演されている。時代が下ると、一九四〇年頃からナチの劇作家による一連の『忠臣蔵』劇が上演されたが、当然ながら国策に沿って、英雄主義と国家への忠誠心を著しく鼓舞した内容となっている[1]。

以上のドイツ語翻案劇はいずれも、西洋人の嗜好や時代の思想に合わせて原作の内容が改変されており、また、日本の古典演劇の上演様式からも逸れたものであった。それに対して一九三八年、ベルリンでトク・ベルツ翻案・演出によって上演されたドイツ歌舞伎『勘平の死』は、原作・本格志向の珍しい公演だった。それは『仮名手本忠臣蔵』五段目・六段目を内容とし、ドイツ人俳優を使ったドイツ語による上演でありながら、台本は主に本行の浄瑠璃に依拠して、床の語り、俳優の台詞回しや演技、衣装、道具、舞台装置に至るまで、できる限り本物の歌舞伎様式に近付こうとするものだった。古典歌舞伎に対するこのような取り組みは、第二次世界大戦前の西洋においては初めてのことだったと思われる。

本稿では、このドイツ歌舞伎の公演がどのような経緯で実現したのか、その舞台の様子が、そして反響や評価がどのようなものだったのかを、主にコーブレンツにあるドイツ連邦公文書館（Bundesarchiv）から入手した当時の関係資料[2]に基づき、ドキュメントとして記述したい。その際、奇しくも松竹関西演劇部・演劇資料室に保管されていた「ドイツ歌舞伎」の舞台写真[3]も援用する。

1　公演までのプロセス

トク・ベルツ（Erwin Toku Baelz、1889～1945）は、一八七六（明治九）年に来日して日本の近代医学の発展に貢献したエルヴィーン・ベルツの長男であり、日本人女性（花・ベルツ）を母に持つ。トクの日本名は徳之助である。一九〇〇年、一一歳の時に父の故国ドイツへ渡り、教育を受ける。その後、一九〇五年、父は花夫人を連れてドイツに帰国している。記録に残っている限りでは、トクは一九二八年になって初めて妻子と共に出生国日本を訪問しており[4]、目的は父の日記の整理・編集と歌舞伎研究だった。その折に七代目松本幸四郎に歌舞伎の手ほどきを受けたようである。ドイツに戻ったトクは、一九三〇年、父の遺稿『ベルツの日記』を出版した。後の記述（*Film-Kurier*, Berlin, 13. Dezember 1938）によれば、トクは当時すでに、ドイツ語による歌舞伎上演を企図していたが、その頃はまだ独日の接点がなく、機も熟しておらず、実現には至らなかった（Bl.119＝ドイツ連邦公文書館所蔵ファイルのシート番号）[5]。トクの歌舞伎に対する情熱は、東京で母に連れられて芝居見物に通った幼少期に胚胎しており、母は常に、トクに歌舞伎の価値と日本人の侍精神について熱心に語って聞かせたという。トクは一九四〇年に日独映画親善使節として再来日したが、独ソ戦争のために帰国できないまま病に倒れ、一九四五年に東京で没している。

このような経歴を持つトク・ベルッが、『仮名手本忠臣蔵』五段目・六段目を取り上げて翻案・演出を担当し、ベルリンで一九三八年一二月八日から五日間、ドイツ座附属俳優学校（Schauspielschule des Deutschen Theaters）の生徒を使って、ドイツ語による歌舞伎『勘平の死』（*Sampei's Sühnenopfer*）[6]を上演したわけである。しかし後で述べるが、この公演はベルッの私的な事業ではなく、ベルリンの独日協会が独日防共協定二周年と、一一月二五日に締結したばかりの独日文化協定を記念して企画主催したものであり、そこには明らかにナチの文化政策的な背景があった。

既述の通り、ベルッによるドイツ歌舞伎上演の構想は、遅くとも彼が一九二八年に訪日した時に始まっており、その際、歌舞伎の上演術および演技術を学んだばかりでなく、大量の歌舞伎の道具や衣装を入手してドイツに持ち帰ったという[7]。『独日協会の今昔』の記述によれば、ベルッは一九二〇年代からベルリンの独日共同研究会（のち独日協会と改称）に所属して役員を務め、機関誌『大和』（*Yamato. Zeitschrift der Deutsch-Japanischen Gesellschaft*）の編集や、日本研究所との共催の演劇プロジェクトに従事していたようだ。[8] 例えば一九二九年頃、スライドやメーキャップ、演技の実演を見せて日本演劇を紹介したり、「日本劇団来訪に対する精神的準備」について講演を行ったりしている。この時期は二世市川左團次の訪ソ公演の後で、特に二世市川猿之助の欧州公演の話が持ち上がっていた頃であり、ベルツの啓蒙的な活動はそのこととも関係があったと思われる。

この猿之助の欧州公演は費用の問題で頓挫したのであるが、第二章で述べた通り、その代わりに訪れた新派・剣劇の筒井徳二郎一座が欧州各地で反響を呼び、一九三〇年一一月にはシュツットガルトでも剣劇と歌舞伎風の芝居を公演した。その折に、当地在住だったベルツが、筒井一座の舞台に立って日本演劇の特色について詳細に解説したことがわかっている。[9] またこの公演に際して、ベルツは「日本演劇の理解のために」という記事を新聞に寄稿し、歌舞伎が西洋演劇の改革に役立ち得るとして次のように訴えかけた。

　特に我々自身が感じている通り、演劇が内的危機にある今こそ、歌舞伎は思いも寄らぬ芸術的可能性と刺激の源を蔵しているのだということを、西ヨーロッパの人々も認識すべき時である。それが我々自身の〈古典〉劇再興のためにもなるのだ。[10]

この引用文の前に、ロシアでは近年日本演劇への関心が高まっており、ドイツにもその直接・間接の影響が及んでいるとの言葉がある。実際、当年春、ロシアの前衛演出家フセヴォロド・メイエルホリドがドイツを巡業したばかりだった。当時、西洋社会は産業革命の進展により、人間が個性を失い物質化する問題を抱えていた。ドイツでは二〇世紀初頭以来、マックス・ラインハルトやゲオルク・フックス等が新時代の演劇を求めて改革に取り組んできたが、その後、次世代のエルヴィーン・ピスカートアやベルトルト・ブレヒト等が様々な演劇実験によって新しい様式を模索していた。彼らの姿勢はロシアの前衛演劇の動向に呼応するものであった。このような社会の変革期にあって、ベルッも西洋演劇は「内的危機にある」と感じ、歌舞伎にその突破口が見出せると考えていたようである。

しかしながら一九三〇年当時、ベルッのドイツ歌舞伎公演の構想を実現できる環境と条件はまだ整っていなかった。依然、ドイツでは黄禍論が消えておらず、日本人と日本文化に対する偏見は、ナチ時代になっても根強く残っていた。この構想が実現できる状況になったのは、一九三三年にナチが政権を取得後、ドイツと日本が政治的に接近して、一九三六年に独日防共協定が、さらに一九三八年には独日文化協定が結ばれたからである。

だがドイツ語による歌舞伎公演の構想が実現するまでに、ベルッはなお幾多の困難を乗り越えねばならなかった。『勘平の死』公演後の一二月一七日、独日協会会長のリヒャルト・フェルスター(Richard Foerster)が公演成功を祝ってベルッに宛てた手紙によれば、ベルッは「先入観や誤解をその都度、新たな勇気ある行動によって払い除けること」を実行してきたようである。例えば公演一年前の一九三七年の冬に、ベルツが宣伝のために演劇人の前でドイツ語歌舞伎の朗読をして、理解を求めた時のことを独日協会会長は思い出している。

あなたが昨年の冬、少数の演劇・舞台関係者の前で、自身で翻案した『勘平の死』を朗読したとき、確かに、劇のダイナミックな力とあなたの朗読の内的な力に深い感銘を受けなかった人は誰一人としていませんでしたが、上演の可能性ということになると、様々な意見が出されたものでした〔傍点＝引用者〕。（Bl.77-78）

この言葉からも察せられるように、ドイツ語による歌舞伎上演の「可能性」と有効性について、演劇や舞台の専門家を説得するのがいかに困難なことであったかが知られよう。年が明けて一九三八年、公演が実現する二カ月近く前になっても、ベルツは専門家に向かってなお宣伝をし、彼らの理解を根気強く求めねばならなかった。『ドイツ演劇労使協同体会員報』一九三八年一〇月号によると、ベルツは九月二七日午後七時より、この協同体会館において『勘平の死』を朗読していることがわかる（Bl.202）。

それどころか、公演が実現する一カ月前になっても、劇場側はなおも上演の決定に躊躇していた様子がわかる。一〇月二五日、独日協会事務長のカール・ツァール（Karl Zahl）がベルツに宛てた手紙によると、ドイツ座附属俳優学校校長フーゴ・ヴェルナー・カーレ（Hugo Werner-Kahle）はベルツの朗読会を土曜日（一〇月二九日と推測される）午後四時と決め、その出来次第で歌舞伎公演を許可するかどうかを最終的に判断する、と言ってきたのだ。校長も自分も、仕草を伴った朗読に関心があるから、「二、三の役の典型的な仕草やポーズを若干準備しておく」ように、また衣装や化粧の準備もしておいたほうがよいとの付言があった（Bl.201）。ベルツはもちろん、この言わば朗読試験に合格し、俳優学校校長はドイツ歌舞伎の公演の実施を決断したわけである。

ところで、一九三八年一一月から一二月にかけて、二つの珍しい日本演劇の紹介がベルリンで行われた。一つはベルツによるドイツ語の歌舞伎公演であり、もう一つは宝塚少女歌劇（以下、宝塚と略称）の訪独公演だった。宝塚は、一一月二五日に一周年を迎える日独伊防共協定を記念し、独伊親善芸術使節団として訪独した。しかし、一〇月二八日に団長の秦豊吉等が一足先にベルリン入りした際、一一月一八日に初日を開ける予定でいた国立オペラ座が、交渉の手違いで全く確保できていないことが明らかになった。そこで、秦の超人的な奔走の結果、宝塚の公演が一一月二〇日から二三日までの四日間、ベルリンの国民劇場（Theater des Volkes）で行われることになった。その経緯は、岩淵達治氏の調査で詳らかにされている。[11]

一方、ベルツによるドイツ歌舞伎の公演は当初、独日防共協定二周年を迎える記念日で、かつ新たに独日文化協定を締結する、一一月二五日に初日を開ける予定だった。ところがこの期日が「時期的な理由」のために、一二月上旬に延期されることになった（Bl.166）。ベルツは一一月一八日付の、独日協会会長フェルスターに宛てた手紙の中で、本来の趣旨からいえば一一月二五日に行うべきはずの歌舞伎の公演が延期になったことを非常に残念がっている。ベルツ側では準備万端整っていること、ドイツ座附属俳優学校校長のヴェルナー・カーレも、彼の生徒たちが日本の芝居の演技術を十分身に付けているので成功疑いなしと判断していることを伝え、したがって独日協会会長には、次週初めに稽古に立ち会って仕上がり具合を見てもらいたいと、願い出ている（Bl.168）。

それでは、ドイツ語による歌舞伎公演が延期になった「時期的な理由」とは、一体何であったのだろうか。そこには、日独伊防共協定を祝って訪独した宝塚のベルリン公演の日程が関わっていたのではないかと推測される。つまり、宝塚が一国の芸術使節団として訪れたのに、手違いで未だ劇場も確保できていなかった。秦の『宝塚欧州公演日記抄』[12]によれば、種々交渉の末、一一月二〇日からの四日間、国民劇場で宝塚の公演を行うことが正式に決まったのは、同月八日から九日にかけてのことだった。そして、この日程で公演を無事終えた後、日独伊防共協定記念日の翌日、すなわち一一月二六日に、宝塚はワルシャワに向けて出発している。この間、秦の日記によれば、宝塚関係者は独日協会の関係者と何度か会っている。以上の事情から察して、ベルツ側は準備万端であっても、歌舞伎公演を主催する独日協会側としては、宝塚の突然のベルリン訪問とその公演日程により、活動予定を変更せざるを得なかったのではないかと考えられる。

紆余曲折を経て、ベルツによるドイツ語歌舞伎の公演がいよいよ実現することになり、その日程と場所が公にされた。残されている独日協会からの招待状には、次のように書かれている。


独日協会より、ここに謹んで観劇会へのご案内旁ご招待を申し上げます。この度、独日防共協定二周年を記念し、来る一九三八年一二月八日、九日、一〇日、一一日の二〇時より、シャルロッテンブルク、ベルリン通り三七番（角）の「トリビューネ」劇場におきまして、古き日本のドラマ『勘平の死』（段物『仮名手本忠臣蔵』より）の公演を開催いたします。

つきましては、ご招待券を用意させて頂きますので、観劇ご希望日を一二月五日までに、文書にてご一報賜りたくお願い申し上げます。（Bl.131）

独日協会はこのような観劇招待状を用意すると共に、ドイツ新聞クラブとの共催で、西洋初の試みであるドイツ歌舞伎を成功させるために、一二月六日一六時三〇分より、ベルリンの新聞会館において新聞関係者レセプションを催すことにした。

一二月一日、独日協会からドイツ新聞クラブに宛てた手紙（Bl.207）には、レセプションへの招待客案のリストが添付されている。リストにはジャーナリストや作家、日本学者、政府広報関係者、出版関係者、日本大使館関係者など六二人の名前と身分、住所が列挙されている。その中には、日独混血の現地ジャーナリストで作家の野原駒吉や大阪毎日新聞の寺村誠一、日本でもよく知られていた演劇学者カール・ハーゲマンの名も見られる（Bl.207, Bl.208, Bl.209, Bl.210）。野原は宝塚のベルリン公演に際して、新聞界など関係筋に世話を焼いたばかりだった[13]。

一二月六日に総点検の舞台稽古が行われ、引き続きこのレセプションが開かれた。一二月八日付の『ベルリン日刊新聞』（*Berliner Tageblatt*, Abendausgabe, 8. Dezember 1938）を見ると、新聞会館で開かれたレセプションの様子がよくわかる。独日協会会長も挨拶に立ったが、この日の主役はなんといってもトク・ベルツであった。ベルツは「日本人女性を母に持つ、優れた知日家」であり、「独日文化交流に携わるに真に適任者」と紹介されている。同新聞によると、舞台芸術の国際交流は魅力的であるが、言語の問題があるため、これまで外国演劇の公演は視覚的な鑑賞に留まり、内容の理解にまで至らなかったとしたうえで、今回ベルツが行う試みの画期的なところは、以下の点であると述べている。

それは日本の国民劇の宝庫の中から選んだ原作を、外観において本物そっくりに、しかもドイツ人俳優がドイツ語で演じることである。『勘平の死』という芝居を使ってドイツ人俳優に日本人を体験させるが、その際、日本人というものはヨーロッパ的な視点ではなく、原作の感情的・意味的内容に現われているような、彼ら自身の精神によってのみ理解されるべきである。

（Bl.120 裏）

ベルツは、ドイツ人俳優に日本の芝居の仕草や動きを身に付けさせるまでの苦労を語ると共に、彼みずから脇役に扮して演技を披露し、拍手喝采を浴びたようだ。また日欧の演劇の特色を説明し、日本の国民劇には西洋の個人主義的な劇と違って、「万古不易の道徳」のようなものが備わってい る、と解説した。そして、日欧の演劇が本質的に相違していながら、「相互に浸透し合い、かつ実りをもたらし合う可能性」があることを、見事な言葉で語ったらしい。さらに別の新聞（*Deutsche Allgemeine Zeitung*, Morgenausgabe, 8. Dezember 1938）によれば、ベルツは当日ドイツ歌舞伎を演じる俳優学校の生徒を使って、日本の俳優の様式的な「姿勢、仕草、動きの型や、台詞の語り方」を実演して見せた（Bl.120 裏）と。一二月七日付で、あるジャーナリストが独日協会に宛てた手紙によると、一二月六日のレセプションにおいて、トク・ベルツは『勘平の死』の朗読をして、人々を大いに感激させたようだ。その結果、公演チケットの希望が出たように、このレセプションも宣伝効果が上がった様子である（Bl.146）。

以上のように、ベルツはドイツ語による歌舞伎公演の実現を目指して、機会あるごとに歌舞伎の朗読をした。その際、仕草を付けるばかりでなく、時には衣装を身に着け、メーキャップも施すことがあり、その演技力によって、ドイツの舞台関係者ばかりでなく、日本人まで驚嘆させたようである。ベルツのこの方面の能力は、翻案台本に現れた彼の文学的な才能と共に、評価されてよいのではないだろうか。

2　ドイツ歌舞伎『勘平の死』の舞台

トク・ベルツによるドイツ歌舞伎『勘平の死』は、以上のように長い間の準備を経て、また五週間の猛稽古の末、ようやく一九三八年一二月八日（木曜日）二〇時より、ベルリンのシャルロッテンブルク、ベルリン通り三七番の俳優学校の練習用劇場「トリビューネ」において初日の幕を開けた。公演は連日、非常に好評を博したため、一日延長して一二月一二日までの五日間行われた。本節では、舞台に掛ったドイツ歌舞伎とは、実際どのようなものであったのかを記述したい。コーブレンツの連邦文書館にはこの公演関係の多数の資料と共に、公演プログラム（Bl.127-130）とベルツ翻案『勘平の死』の台本（Bl.171-198）も保管されている（図版①②③）。プログラムは活版印刷されたもので、配役と公演スタッフの一覧、ベルツによる公演趣旨、『仮名手本忠臣蔵』で扱われている歴史的事件の解説を載せている。台本はタイプ打ち（二五頁）で二幕に分かれており、第一幕「勘平と闇夜の事件」（Sampei's nächtliches Abenteuer）、第二幕「勘平の死」（Sampei's Sühneopfer）の構成となっている（「勘平の死」とした理由は注6を参照）。

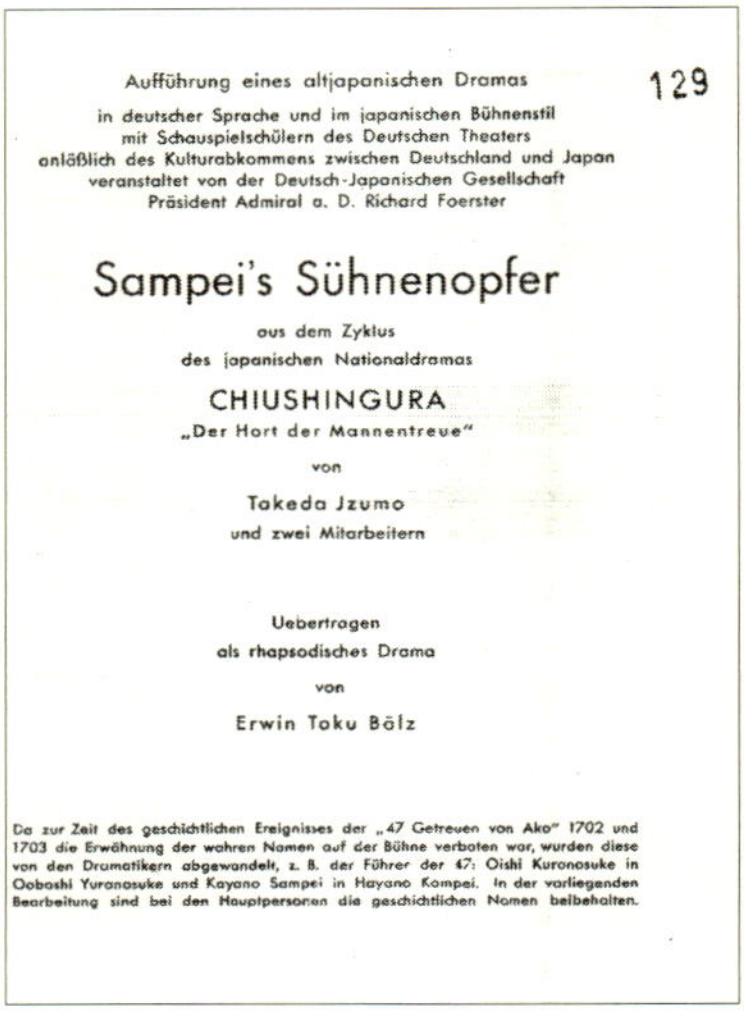

Aufführung eines altjapanischen Dramas 129
in deutscher Sprache und im japanischen Bühnenstil
mit Schauspielschülern des Deutschen Theaters
anläßlich des Kulturabkommens zwischen Deutschland und Japan
veranstaltet von der Deutsch-Japanischen Gesellschaft
Präsident Admiral a. D. Richard Foerster

Sampei's Sühnenopfer

aus dem Zyklus
des japanischen Nationaldramas

CHIUSHINGURA
„Der Hort der Mannentreue"
von
Takeda Jzumo
und zwei Mitarbeitern

Uebertragen
als rhapsodisches Drama
von
Erwin Toku Bölz

Da zur Zeit des geschichtlichen Ereignisses der „47 Getreuen von Ako" 1702 und 1703 die Erwähnung der wahren Namen auf der Bühne verboten war, wurden diese von den Dramatikern abgewandelt, z. B. der Führer der 47: Oishi Kuronosuke in Oobashi Yuranosuke und Kayano Sampei in Hayano Kompei. In der vorliegenden Bearbeitung sind bei den Hauptpersonen die geschichtlichen Namen beibehalten.

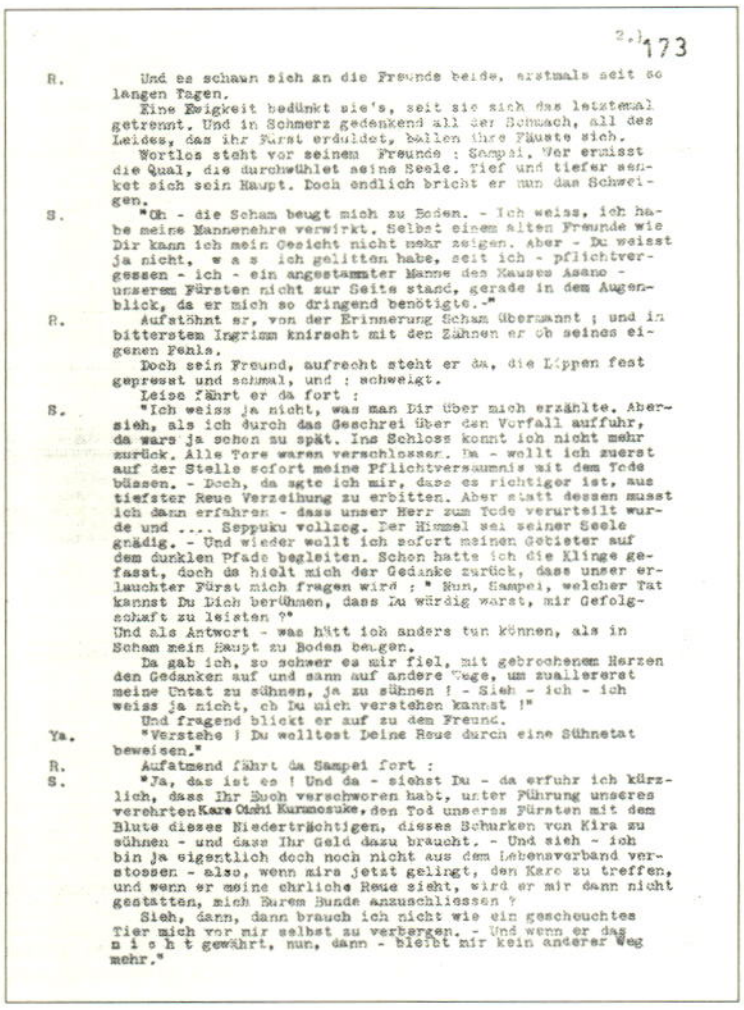

2.) 173

R. Und es schaun sich an die Freunde beide, erstmals seit so langen Tagen.
Eine Ewigkeit bedünkt sie's, seit sie sich das letztemal getrennt. Und in Schmerz gedenkend all der Schmach, all des Leides, das ihr Fürst erduldet, ballen ihre Fäuste sich.
Wortlos steht vor seinem Freunde : Sampei. Wer ermisst die Qual, die durchwühlet seine Seele. Tief und tiefer senket sich sein Haupt. Doch endlich bricht er nun das Schweigen.

S. "Oh - die Scham beugt mich zu Boden. - Ich weiss, ich habe meine Mannenehre verwirkt. Selbst einem alten Freunde wie Dir kann ich mein Gesicht nicht mehr zeigen. Aber - Du weisst ja nicht, w a s ich gelitten habe, seit ich - pflichtvergessen - ich - ein angestammter Manne des Hauses Asano - unserem Fürsten nicht zur Seite stand, gerade in dem Augenblick, da er mich so dringend benötigte.-"

R. Aufstöhnt er, von der Erinnerung Scham übermannt ; und in bitterstem Ingrimm knirscht mit den Zähnen er ob seines eigenen Fehls.
Doch sein Freund, aufrecht steht er da, die Lippen fest gepresst und schmal, und : schweigt.
Leise fährt er da fort :

S. "Ich weiss ja nicht, was man Dir über mich erzählte. Aber- sieh, als ich durch das Geschrei über den Vorfall auffuhr, da wars ja schon zu spät. Ins Schloss konnt ich nicht mehr zurück. Alle Tore waren verschlossen. Da - wollt ich zuerst auf der Stelle sofort meine Pflichtversaumnis mit dem Tode büssen. - Doch, da sgte ich mir, dass es richtiger ist, aus tiefster Reue Verzeihung zu erbitten. Aber statt dessen musst ich dann erfahren - dass unser Herr zum Tode verurteilt wurde und .... Seppuku vollzog. Der Himmel sei seiner Seele gnädig. - Und wieder wollt ich sofort meinen Gebieter auf dem dunklen Pfade begleiten. Schon hatte ich die Klinge gefasst, doch da hielt mich der Gedanke zurück, dass unser erlauchter Fürst mich fragen wird : " Nun, Sampei, welcher Tat kannst Du Dich berühmen, dass Du würdig warst, mir Gefolgschaft zu leisten ?"
Und als Antwort - was hätt ich anders tun können, als in Scham mein Haupt zu Boden beugen.
Da gab ich, so schwer es mir fiel, mit gebrochenem Herzen den Gedanken auf und sann auf andere Wege, um zuallererst meine Untat zu sühnen, ja zu sühnen ! - Sieh - ich - ich weiss ja nicht, ob Du mich verstehen kannst !"
Und fragend blickt er auf zu dem Freund.

Ya. "Verstehe ! Du wolltest Deine Reue durch eine Sühnetat beweisen."

R. Aufatmend fährt da Sampei fort :

S. "Ja, das ist es ! Und da - siehst Du - da erfuhr ich kürzlich, dass Ihr Euch verschworen habt, unter Führung unseres verehrten Kare Oishi Kuranosuke, den Tod unseres Fürsten mit dem Blute dieses Niederträchtigen, dieses Schurken von Kira zu sühnen - und dass Ihr Geld dazu braucht. - Und sieh - ich bin ja eigentlich doch noch nicht aus dem Lebensverband verstossen - also, wenn mirs jetzt gelingt, den Karo zu treffen, und wenn er meine ehrliche Reue sieht, wird er mir dann nicht gestatten, mich Eurem Bunde anzuschliessen ?
Sieh, dann, dann brauch ich nicht wie ein gescheuchtes Tier mich vor mir selbst zu verbergen. - Und wenn er das n i c h t gewährt, nun, dann - bleibt mir kein anderer Weg mehr."

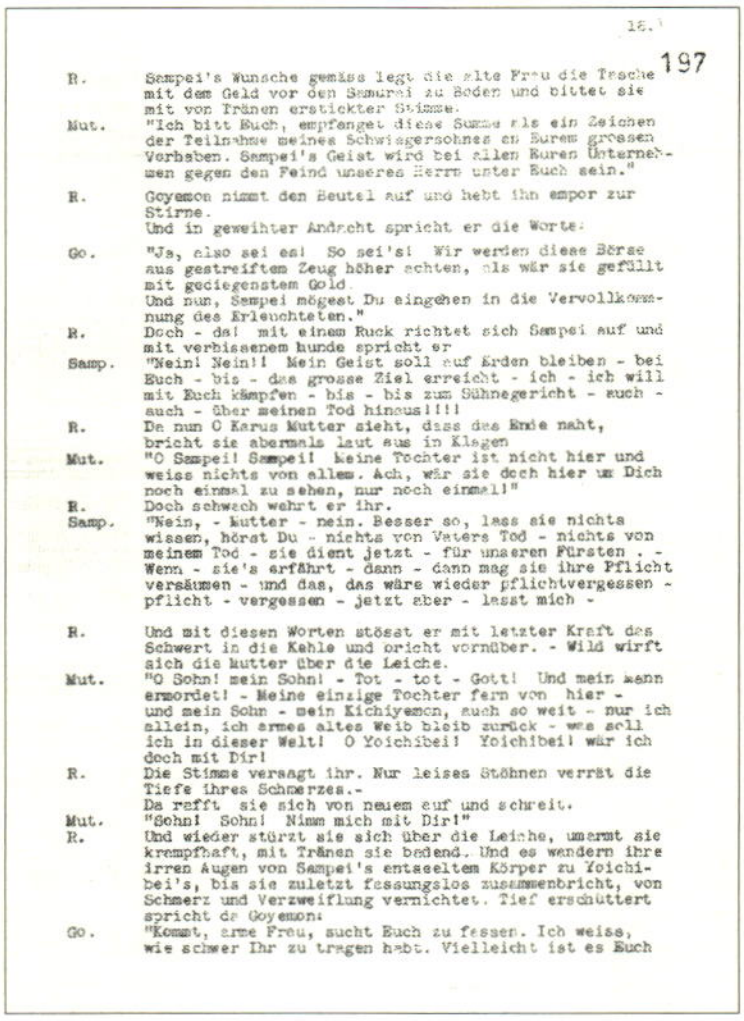

18.) 197

R. Sampei's Wunsche gemäss legt die alte Frau die Tasche mit dem Geld vor den Samurai zu Boden und bittet sie mit von Tränen erstickter Stimme.

Mut. "Ich bitt Euch, empfanget diese Summe als ein Zeichen der Teilnahme meines Schwiegersohnes an Eurem grossen Vorhaben. Sampei's Geist wird bei allen Euren Unternehmen gegen den Feind unseres Herrn unter Euch sein."

R. Goyemon nimmt den Beutel auf und hebt ihn empor zur Stirne.
Und in geweihter Andacht spricht er die Worte:

Go. "Ja, also sei es! So sei's! Wir werden diese Börse aus gestreiftem Zeug höher achten, als wär sie gefüllt mit gediegenstem Gold.
Und nun, Sempei mögest Du eingehen in die Vervollkommnung des Erleuchteten."

R. Doch - da! mit einem Ruck richtet sich Sampei auf und mit verbissenem Munde spricht er

Samp. "Nein! Nein!! Mein Geist soll auf Erden bleiben - bei Euch - bis - das grosse Ziel erreicht - ich - ich will mit Euch kämpfen - bis - bis zum Sühnegericht - auch - auch - über meinen Tod hinaus!!!!

R. Da nun O Karus Mutter sieht, dass das Ende naht, bricht sie abermals laut aus in Klagen

Mut. "O Sampei! Sampei! Meine Tochter ist nicht hier und weiss nichts von allem. Ach, wär sie doch hier um Dich noch einmal zu sehen, nur noch einmal!"

R. Doch schwach wehrt er ihr.

Samp. "Nein, - Mutter - nein. Besser so, lass sie nichts wissen, hörst Du - nichts von Vaters Tod - nichts von meinem Tod - sie dient jetzt - für unseren Fürsten . - Wenn - sie's erfährt - dann - dann mag sie ihre Pflicht versäumen - und das, das wäre wieder pflichtvergessen - pflicht - vergessen - jetzt aber - lasst mich -

R. Und mit diesen Worten stösst er mit letzter Kraft das Schwert in die Kehle und bricht vornüber. - Wild wirft sich die Mutter über die Leiche.

Mut. "O Sohn! mein Sohn! - Tot - tot - Gott! Und mein Mann ermordet! - Meine einzige Tochter fern von hier - und mein Sohn - mein Kichiyemon, auch so weit - nur ich allein, ich armes altes Weib bleib zurück - was soll ich in dieser Welt! O Yoichibei! Yoichibei! wär ich doch mit Dir!

R. Die Stimme versagt ihr. Nur leises Stöhnen verrät die Tiefe ihres Schmerzes.-
Da rafft sie sich von neuem auf und schreit.

Mut. "Sohn! Sohn! Nimm mich mit Dir!"

R. Und wieder stürzt sie sich über die Leiche, umarmt sie krampfhaft, mit Tränen sie badend. Und es wandern ihre irren Augen von Sampei's entseeltem Körper zu Yoichibei's, bis sie zuletzt fassungslos zusammenbricht, von Schmerz und Verzweiflung vernichtet. Tief erschüttert spricht da Goyemon:

Go. "Kommt, arme Frau, sucht Euch zu fassen. Ich weiss, wie schwer Ihr zu tragen habt. Vielleicht ist es Euch

ドイツ歌舞伎『勘平の死』上演台本（ドイツ連邦公文書館蔵／Bundesarchiv,R61 Ⅳ /68）
（右上）図版① 上演台本表紙
（左上）図版② 山崎街道の場
（右下）図版③ 勘平切腹の場

プログラムの表紙（Bl.129）を和訳すると、次の通りである。なお、先述の通り、レセプションの招待状には「独日防共協定二周年を記念し」と書かれてあったのが、このプログラムでは「独日文化協定締結記念」と改められている。しかし、独日防共協定二周年を記念して独日文化協定を締結したのだから、意味するところは変わらない。

独日文化協定締結記念公演
独日協会（会長・退役海軍大将リヒャルト・フェルスター）主催
ドイツ座附属俳優学校生徒が日本の様式に則りドイツ語で演じる
古き日本のドラマ『勘平の死』
竹田出雲ほか二名の共作による日本国民劇・
段物『仮名手本忠臣蔵』より
ラプソディー風ドラマとしてエルヴィーン・トク・ベルツが翻案

演者は既述の通り、すべてドイツ座附属俳優学校の生徒が演じている。プログラム（Bl.130）によって主な配役を記すと、ラプソディスト（浄瑠璃語り）はハインツ・ギーゼ、原郷右衛門はエルンスト・ホルネーバー、千崎弥五郎はルードルフ・シュレッサー、早野勘平はヨアヒム・ボルト、斧定九郎はルードルフ・ブルーンス、お軽はエルスベット・フォン・リューディングハウゼン、与市兵衛はゲオルク・ツィーネルト、お軽の母はエーリカ・ホフマン、一文字屋主人はクルト・プフルークとなっている。

演者以外の主な公演スタッフは、これもプログラム（Bl.129裏）によって記すと、演出はもちろんエルヴィーン・トク・ベルツ、舞台監督は俳優学校校長のフーゴ・ヴェルナー・カーレだった。舞台装置はドイツ座のゲオクル・ヴァイスが担当。衣装と鬘は日本製の本物であり、花・ベルツ教授夫人のコレクションから借用したとある。なお、日本製のものが揃わない場合は、本物を手本に製作したようだ。

それでは、トク・ベルツによるドイツ歌舞伎の舞台の特色はどこにあったのだろうか。台本、公演プログラム、舞台写真（松竹関西演劇部・演劇資料室蔵）、新聞批評などの関係資料に基づきながら検討する。

まず、開幕と同時に観客を驚かせたのは、客席の背後から本舞台に向って設けられた花道の存在であろう。西洋の劇場では、俳優が登場・退場し、そのうえ演技するためのこのような通路を客席に設ける習慣はない。わずかに、ラインハルトが二〇世紀初頭に導入して成功したことが知られている程度で、西洋に導入されて一般に定着した回り舞台と違って、極めて珍しい例と言わねばならない。ある新聞（*Berliner Lokal-Anzeiger*, Morgenausgabe, 10. Dezember 1938）によれば、幕が開くと同時に銅鑼が鳴り響き、俳優が花道を通って舞台に向かって歩いていったようだ（Bl.121）。

いま一つ、開幕と同時に観客の注意を引いたのは、舞台上手の客席近く、御簾の中に陣取ったドイツ語の浄瑠璃語り（太夫）の存在であろう（図版④）。見台を前に、丁髷を結った太夫が裃を付けて座っている。ある新聞（*Film-Kurier*, 13.Dezember 1938）には、「舞台わきの灯りのついた〈鳥かご〉の中に座り」と記されている（Bl.119）。ドイツ語では〝Rhapsode〟（ラプソディスト）と記されているが、劇全体の進行役を務め、筋の展開や登場人物の行動・心理について物語るばかりでなく、登場人物と言葉の掛け合いをしながら劇的状況を作り上げていくこの浄瑠璃語りも、西洋の観客を驚かせただろう。ドイツ演劇では、例えばブレヒトの叙事演劇のコーラスやソングが思い浮かぶかもしれないが、それは劇中の部分的な使用に限られる。プログラムに書かれている通り、ベルツ自身は『勘平の死』を「ラプソディー風ドラマ」と称した。

音楽の演奏はどのようなものであったのか。日本の芝居では、浄瑠璃とい

図版④　御簾の中の浄瑠璃語り。ドイツ歌舞伎『勘平の死』舞台写真（松竹関西演劇部演劇資料室蔵）。

図版⑤　勘平。ドイツ歌舞伎『勘平の死』舞台写真（松竹関西演劇部演劇資料室蔵）。

えば三味線を抜きに語ることはできない。しかも歌舞伎の『仮名手本忠臣蔵』は義太夫狂言であるので、太棹が独特の音色で雰囲気を作り上げる。しかし、トク・ベルッツも義太夫節の太棹までドイツ人に演奏させることはできなかったのだろう。幕の開閉、俳優の台詞や仕草、動き、あるいはドイツ語浄瑠璃にメリハリをつけたのは打楽器であり、新聞の記述によれば、太鼓、銅鑼、シンバル等が使われたようだ（拍子木が使われたかどうかは不明）。もっとも、ドイツ語の浄瑠璃が打楽器の拍子に乗り、俳優の演技との相互作用で効果を上げたとするなら、三味線の演奏がなくてもよかったのかもしれない（草創期の浄瑠璃は扇拍子で語られたという）。

演者の扮装および小道具はどうだったのか。残されている舞台写真によれば、時々怪しいものもあるが、できる限り本物の衣装や道具を使ったというだけあって、総じて歌舞伎らしい雰囲気が出ているように思える。例えば、第一幕（五段目）の山崎街道の場に登場する勘平が白塗りで浪人髷、縞の着付に二本差し（一本差しが正しい）、蓑を着て鉄砲を持っている姿はそれらしい（図版⑤）。次に

図版⑥　与市兵衛（左）と斧定久郎。ドイツ歌舞伎『勘平の死』舞台写真（松竹関西演劇部演劇資料室蔵）。

登場する千崎弥五郎は半纏に大小、陣笠を被り、手丸提灯の出で立ちである。与市兵衛は足元が見えないが菅笠を背にそれらしい衣装で、斧定九郎に捕まり懐の財布を押さえている姿が写っている。定九郎は髪茫々の五十日鬘で白塗り、黒紋付の着付、腰には大刀一本（大小が正しい）、尻端折の格好で凄みを帯びている。この与市兵衛と定九郎の扮装は、なかなかのものである（図版⑥）。

第二幕（六段目）では、一文字屋才兵衛が煙管を口に座っている写真があるが、女衒が刀を差しているのは不自然であろう。駕籠かきが法被姿でねじり鉢巻きを締め、居眠りしながら表で待っているのはそれらしくみえる。しかし、お軽を乗せて運んでいこうとする写真では、杖を手にしていないのがおかしい。駕籠は本物を使って、屋根にござを載せ、風呂敷包みと一緒に紐で結えつけている。お軽はこの駕籠に乗っている写真しかない（図版⑦）。お軽には女優が扮しているが、侍の女房であるのに、すでに遊女然としてなまめかしくみえる。やはり女優が扮して、舞台写真の中で扮装が絶品な

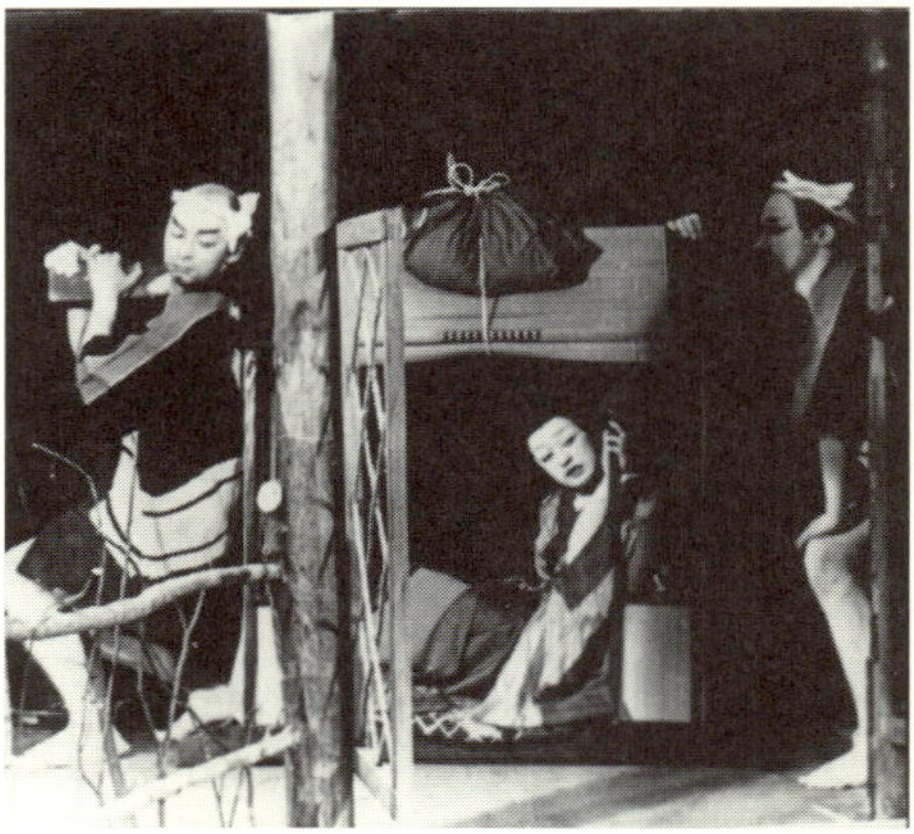

図版⑦　お軽身売り。ドイツ歌舞伎『勘平の死』舞台写真（松竹関西演劇部演劇資料室蔵）。

のは、なんといってもお軽の母おかやである（ベルツの翻案台本は浄瑠璃に拠って「お軽の母」としか書かれていないが、ここでは歌舞伎に従って便宜上「おかや」と呼ぶことにする）。単独のもの二枚、勘平と一緒のもの、与市兵衛の遺骸に寄り添っているもの（図版⑧）があり、少し衣装に不足はあるが、老母の雰囲気は本職の歌舞伎役者顔負けであろう。

勘平切腹の写真は単独のものと、原郷右衛門、千崎弥五郎、おかやと一緒に写っているものがある。おかやと二人で写っている写真では縞の着付であるが、切腹シーンでは大きな柄の着付になっており、腹に刀を突き立てて、顔に苦悶の表情を浮かべている（図版⑨）。勘平は山崎街道の場の写真もそうなのだが、目の周りにさもくまができたように（また隈取ではおかしい）描き過ぎているようだ。全体的に登場人物の化粧は少しバタくさい印象を与えるが、ドイツ人が扮しているのであるから、この程度で満足しなくてはならないだろう。

大道具については、第一幕では、写真に写っている掛稲が大変よくできているように見える。第二幕は百姓与市兵衛宅の田舎家であるが、写真で見る限り、平舞台ではなくて床が高く、上方歌舞伎の方式に従っているようだ。しかし一文字屋主人の背後に竹丸窓が見えるのは、鼠壁の屋敷には不釣り合いである。いま一つ、駕籠かきと一緒に木戸口が写っていて、仕上がりは粗いが、田舎家

（上）図版⑧　与市兵衛の遺骸（右）に寄り添うおかや（左）。
（下）図版⑨　勘平（右から２人目）切腹のシーン。
いずれもドイツ歌舞伎『勘平の死』舞台写真（松竹関西演劇部演劇資料室蔵）。

としては妥当なところであろう。

ところで、俳優学校生徒の台詞回しや演技については、独日協会に寄せられた手紙や新聞批評に称賛の言葉はみられるが、彼らの日本的な俳優術がどの程度のものであったか、具体的なところは明らかでない。この点については次の節で改めて言及したい。ただ、俳優学校の生徒たちがトク・ベルツの厳しい指導の下、日本の俳優術を習得しようと奮闘努力したことを推測させる資料が残っている。それは、主役の勘平を演じたヨアヒム・ボルトが稽古中、「日本人のメンタリティ、表現方法、様式などにできる限り近付こうとして」、ドイツ人としては不自然な発声をして喉を酷使し、喉頭炎を起こしてしまったこと、医者の治療を受けながら本番の五日間も頑張り続けたことが、治療費請求の件で俳優学校校長に送った彼の手紙（Bl.10）に書かれている。俳優学校の生徒たちが日本的な演技術を身に付けようと、どれだけ熱心に取り組んだかが窺われる話である。舞台上で披露された彼らの演技の有様については、この話と、以下に取り上げる批評の言葉を重ねて、推し量るしかない。

本節の最後に、上演された台本の特色について述べておきたい。ベルツの『勘平の死』は、『仮名手本忠臣蔵』五段目・六段目、しかも主に竹田出雲・三好松洛・並木千柳の浄瑠璃原典に拠って翻案したものであるので、まず浄瑠璃の内容を簡単に確認しておく。

主君塩谷判官が高師直の非道のため城中で刃傷に及ぶという一大事に、早野勘平は不覚にもお軽と逢引してその場に居合わせなかった。不忠を働いてしまった勘平はひとまずお軽の親里に下がり、赦しを請う時節を待つことにする。この前話を受けて五段目は、夜の山崎街道である。猟師となっている勘平が旧友千崎弥五郎と出会い、大星由良之助ら一味の亡君仇討の様子を探り、御用金の当てのあることを漏らす。次の場では、勘平を侍に戻すために、舅与市兵衛が娘お軽を祇園に売った代金の半金五〇両を、強盗の斧定九郎に奪われて殺害された。しかし定九郎は、勘平が猪を狙って撃った鉄砲の弾が当たり絶命。勘平は定九郎の懐から財布を奪う。

六段目は、翌朝、おかやがお軽と亭主の帰りを待つ与市兵衛宅でのことだ。祇園一文字屋が残金五〇両を持って現われ、証文を見せてお軽を連れて行こうとする矢先に勘平が戻り、舅が戻るまでは渡せないと問答する。一文字屋は今自分が着ている着物地と同じ縞の財布に五〇両の半金を入れて持たせたのが確かな証拠と言い、お軽を駕籠に乗せて連れて行く。その後、与市兵衛の遺体が村の猟師たちによって運ばれてくる。勘平は懐の縞の財布を姑おかやに見られて舅殺しと責められる。さらに、そこに現れた一味の原郷右衛門と千崎弥五郎にも非難され、堪りかねて切腹する。ところが与市兵衛の傷は鉄砲傷ではなく、刀によるものであることが判明。勘平は原の差し出した亡君仇討の連判状に血判を押して果てる。おかやは一〇〇両を仇討の御用金として原に差し出し、正体なく嘆き悲しむ。

ベルツのドイツ歌舞伎の台本は、この浄瑠璃の内容を踏まえている。すなわち第一幕（五段目）「山崎街道」の場では、与市兵衛と斧定九郎の会話、さらに与市兵衛の命乞いが長々と描かれている（歌舞伎では二人の間の会話は皆無）。第二幕（六段目）「勘平切腹」の場面では、不破数右衛門（歌舞伎）ではなく原郷右衛門が千崎弥五郎と共に登場するところや、勘平がおかやと原、千崎に舅殺しを責められ、切腹してから金子入手の申し開きをするところ、先に主君仇討のための連判状の話があって、その後にお軽の身売り金一〇〇両を原たちに渡す件が来ているところなど、明らかに浄瑠璃本に従っている。また歌舞伎では一文字屋お才と判人源六であるが、ここでは一文字屋才兵衛が一人で登場しているところも、浄瑠璃本通りである。

他方、第二幕の前半で勘平が帰宅した時、浄瑠璃と歌舞伎では、お軽はすでに駕籠に乗せられて祇園に向うところであるが、ベルツの台本では、おかやが婿の戻らぬうちはお軽を遣れないと、家中で一文字屋と押し問答をするようになっている。また、おかやが亭主の与市兵衛を亡くして悲嘆に暮れたり、勘平を舅殺しと罵るところを、浄瑠璃以上に詳細に描写しているのも、ベルツの創作である。総じてベルツの翻案台本の特徴は、主に浄瑠璃に依拠しているため、人物の行為や心理の描写がリアルで、筋が理詰めに展開するという点にある。しかも彼の工夫でその程度が一層高まっているのであり、なるほど歌舞伎の様式に則ってはいたが、それがすべてドイツ語で上演されたのであるから、ドイツ人には非常に理解しやすかったはずである。

この企画は公式には、ナチ政府の文化政策に沿ったものである。独日協会から委託を受けて翻案・

演出を担当したベルツも公演プログラムに、現在のドイツは昔のゲルマン精神に似た古き日本の侍の精神を必要としており、その「大和魂を理解するための最短の道は、日本の民衆劇を（……）直に体験することによって得られる」（Bl.128 裏）と、歌舞伎の鑑賞を推奨している。しかし『勘平の死』の台本を見る限り、ベルツはナチ劇作家たちが間もなくして取った姿勢とは異なる。ベルツのユニークなところは、『仮名手本忠臣蔵』の中でも、大変リアルで世話物的要素の際立った五段目・六段目、いわゆる「お軽勘平」と家庭の悲劇を取り上げて、ドイツ演劇の新しい可能性を探る実験を行っているところである。

『勘平の死』は出来事の背景として、亡君仇討の戦略的陰謀が控えており、主人公も恋ゆえに主君に対して不忠を働いた自責の念から、なんとか連判に加わって忠義心を示したいと願っているが、この作品の主要な筋の展開は、愛し合う若い勘平とお軽、老夫婦与市兵衛とおかやの永遠の離別、そして彼ら全員の家庭悲劇を扱っている。ベルツが長らく温めてきた構想とは、日本の伝統的な芝居に描かれた、このような運命ゆえの愛別離苦、忠義や義理と人情の間の葛藤で苦しむ人々の生き様をリアルに、かつ歌舞伎の様式に従って上演することであったと思われる。それが時局のせいで、目的達成のために、彼の方からナチの文化政策に近付いたか、逆にナチの文化宣伝に利用されたのかもしれない。

3　公演の反響

ドイツ歌舞伎『勘平の死』の公演が終了した後、一九三八年一二月一七日、土曜日、全公演関係者の慰労パーティーがドイツ新聞会館において行われた。同日、独日協会会長のリヒャルト・フェルスターは、二通の手紙を出している。一通はドイツ座附属俳優学校校長のヴェルナー・カーレに宛てたもので、トク・ベルツにドイツ歌舞伎公演のチャンスを与え、俳優学校の生徒に対する指導で成功をもたらしてくれたことなど、この度の理解と尽力に感謝の言葉を述べている（Bl.74）。もう一通はトク・ベルツ宛の手紙で、ベルツがこれまで様々な問題を克服してドイツ歌舞伎の上演の成功に漕ぎ着けたことは、独日文化交流上の大きな功績であると評価し、これで「ドイツ人俳優による歌舞伎上演の可能性と有効性が証明された」ことを確認し、自分たちは次のステップである「一般公開上演」を目指し、そのための支援を惜しまないつもりだと結んでいる（Bl.77-78）。

このドイツ歌舞伎公演の成功に対して、演劇関係者や作家、ジャーナリスト、一般人、政府関係者等、多数の人から称賛と感謝の言葉が独日協会に寄せられた。一二月二二日、独日協会事務長のカール・ツァールは、これら公演に対して好意的な評価をしてくれた人々の手紙の中から数通を選び、その複写（手書き原文をタイプ打ちにしたもの）をトク・ベルツとドイツ座附属俳優学校校長のヴェルナー・カーレ、国民啓蒙・宣伝省演劇局の上級参事官ケプラー博士、外務省文化局の公使館参事官ロート博士へ、同一文面の簡単な手紙（Bl.93-96）を添えて送付している。それらの手紙のうち、ユニークな視点を持っていると思われるものを、以下に取り上げて紹介したい。

一二月一三日付の、エレン・シュトル（Ellen Stoll）が独日協会へ宛てた手紙（Bl.98）によると、最終日の一二月一二日に公演を見たようであるが、最初、舞台上の出来事の解説をする語り手（浄瑠璃語り）は、劇の進行の妨げにしかならないと思っていたところ、幕が開いてそれが全く逆であることを知って驚いたという。さらに、日本の様式的な俳優術は西洋のものと大いに異なるのに、若い俳優たちがこの日本の異質な演技形式を身に付け、「繊細な感情移入能力によって、日本演劇を我々に理解できるようにし、他方でそれを本当に日本的な解釈で演じることを会得したのは、真に注目に値する」と称える。そして昨日の公演によって、ほとんど全ての観客と同様、日本演劇に対する関心を呼び覚まされたので、次の公演が行われることを期待したいと述べている。この女性はドイツ語の浄瑠璃が俳優の台詞や演技の邪魔にならないどころか、それらを効果的に引き立てる役割を持っていることに気付いたようだ。その他、日本式の独特の演技様式も理解できたようであり、異文化の演劇を知った喜びと、それをもっと知りたいという好奇心に満ちた内容になっている。

一二月一八日付の、演劇学者で劇場文芸部員のエドゥアルト・リッター（Dr. Eduard Ritter）が独日協会に宛てた手紙（Bl.101-102）によると、トク・ベルツの歌舞伎を見て、浄瑠璃語りの強烈な効果に驚き、「浄瑠璃語りの単純であるが厳かな調子のお蔭で、俳優は観客に対して劇の出来事を説明する必要を免れ、仕草と身体的リズムによって、出来事を目に見える形で描写できる大きな可能性が得られた」と述べている。確かに西洋の近代劇は台詞劇であり、しかも冗長な台詞が特徴的であるが、その台詞は「劇の出来事を説明する」ためにも語られるわけである。リッターの言わんとするのは、西洋演劇も日本の浄瑠璃のような語りを全面的に導入し、俳優の演技と組み合わせて、「仕草と身体的リズム」による新しい可能性を切り開くことで活性化できる、ということであろう。

いま一つは、一二月一五日付で、元海軍将校ボーギスラフ・フォン・ゼルヒョウ（Bogislav von Selchow）が独日協会会長に宛てた手紙（Bl.108）である。彼によれば、日本を直接知り、物書きの仲間に入っている人間として、過去二〇年間に見て本当に感動した芝居は三作しかないが、この度の日本の芝居はその三作の中に入る、すなわち、タゴールの『暗室の王』、ショーの『聖女ジョウン』、そして『勘平の死』である、というのだ。そして、いずれもが外国作品であるのは残念だと述べている。役者の演技については、勘平を演じたヨアヒム・ボルトは名優モイッシ（Alexander Moissi）を思わせ、大成する可能性があると褒め、「盗賊も見事であったし、老婆は感動的で、絶えず繰り言を言うところが非常に日本人らしかった」と、脇役の見所にも言及している。そして日本演劇の案内者としてトク・ベルツ氏より優れた適任者はいないと評価している。ゼルヒョウは作家でもあり、「自分は芝居をよく見ている人間だ」と述べているように、芝居の見巧者を自負しているが、ベルツのドイツ歌舞伎『勘平の死』は、世界の傑作と並べられるほど、その眼鏡にかなったというわけである。

次は、新聞に見られる反響および評価である。トク・ベルツによるドイツ歌舞伎『勘平の死』のベルリン公演は、招待客だけを対象とした非公式な公演であったにもかかわらず、ベルリンのみならず、ドイツ各地の新聞で大々的に取り上げられて話題を呼んだ。そのドイツ中の新聞記事が、連邦公文書館の関係ファイルに収められている。紙数の都合で、特にベルリンの新聞に掲載された批評記事に限定し、その中から目ぼしいものだけを選んで、以下に紹介してみたい。まず、この芝居のテーマに関するものから取り上げる。

公演初日の翌日、一九三八年一二月九日付の『ドイツ一般新聞』（*Deutsche Allgemeine Zeitung, 9. Dezember 1938*）に掲載された記事の中で、カール・ハインツ・ペーターゼン（Carl Heinz Petersen）が勘平の死について「些細なこと、いわば記念碑を建てるための、僅かばかりの金子のために死ぬ。このような考え方は我々には馴染みがないので、義務、名誉、忠義といった、我々のドイツ的な概念でついて行くのに大いに苦労する」（Bl.120裏）と書いた。これに対して、ヴィリー・プレンツェル（Willi Prenzel）が一二月二一日付の同新聞（*Deutsche Allgemeine Zeitung, Morgenausgabe, 21. Dezember 1938*）に反論記事を載せた。ベルツのドイツ歌舞伎は、西洋的基準で評価しようとしてはならないのであって、「日本人の想像力および感性の世界、彼らの本質的特性」を表わしていると理解すべきだとして、次のように述べている。

深い情念と苦悩が主人公たちの心を掻き乱す。すなわち破滅的な罪悪感、男子の忠誠心、名誉回復への切望、最愛の人の犠牲、最後の献身のための苦闘が。これらは深く心を打つ感情と出来事であり、これらの心の出来事を共感しながら辿ることができる人には誰でも、信じるに足る、どうしても必要なものである。(Bl.115)

評者はこの日本人の「本質的特性」を表わす例として、勘平の切腹を取り上げ、苦悩する魂の崇高さについて説明する。勘平は主君仇討の軍資金のためとはいえ、舅を殺して金子を奪ったと周囲から嫌疑を掛けられ、またみずからもそう思い込み、疑いを晴らすことができないまま、無実の罪で腹を切る。評者によれば、この主人公の辿る内面の苦悩は頭脳で理解できるものではなく、感性と魂で共感すべきだというのである。

一方、この勘平の死に至る運命の糸を逆に手繰り、彼の根本的な過誤を指摘しているのが、一二月一〇日付の『ベルリン地方新聞』(*Berliner Lokal-Anzeiger*, Morgen-Ausgabe, 10. Dezember 1938)に掲載されたユップ・ミュラー・マライン(Jupp Müller-Marein)の記事である。評者は、『勘平の死』は「武士一同の主君に対する忠誠心をテーマとした劇的な叙事詩」であるとし、「恋路のためとはいえ、本分を忘れたことが、彼の死までもたらす全ての葛藤の原因である」と述べている。つまり主人公が切腹して果てなければならないのは、舅殺しの罪を責められて早まったからではなく、根本において、主君の一大事に仲間と一緒にお側にいなかったという、かつての罪の償いをするためだと説く（Bl.121）。芝居のドイツ語名 *Sampei's Sühnenopfer* 通り、それはまさに勘平の「罪滅ぼし」なのだ、と。

トク・ベルツによるドイツ歌舞伎の公演は、そもそも独日防共協定締結二周年と独日文化協定締結を祝って開催されたのであり、新聞批評も一般に、大なり小なり政治的イデオロギーをにおわせていた。その中で、一二月一三日付の『映画通信』（*Film-Kurier*, 13. Dezember 1938）に掲載されたヘルマン・ヴァンダーシェック（Dr. Hermann Wanderscheck）の記事は、非常に政治色の強いものになっている。ベルツはすでに一〇年前に同じ試みを実行しようとしたが、当時のドイツは英雄主義や日本の芝居が好まれていなかった。しかし今や状況が変わったとして、ヴァンダーシェックは次のように述べる。

今日、『勘平の死』の道徳性、主君の死して後も続く臣下の無条件の忠誠心は、日本の若者の理想であるばかりでなく、多数の若者の中から生まれる新しいドイツのドラマの理想でもある。そこでこの日本の芝居の公演には二重の意味がある。一つは両民族の同方向における文化交流の政治的・倫理的基礎固めであり、今一つは両民族の芸術的接近である。（Bl.119）

この評者と同様の主旨で、独日の政治的接近を背景とした評価をしているのが、一二月一〇日付の『ベルリン株式新聞』（*Berliner Börsen-Zeitung*, Abendausgabe, 10. Dezember 1938）に載せたハンス・ヨアヒム・ライスケ（Hans Joachim Reißke）の記事である。「このドラマは、義務の怠りにより、主君浅野の家来集団から締め出された若侍萱野三平の悲劇的運命において、家来の無条件的忠誠心の運命を映し出している」とし、この日本の英雄主義的な侍精神は現在、ドイツ人のヒロイズムに非常に近いものになっているというのである（Bl.121 裏）。台本の検討のところで触れたが、『勘平の死』、すなわち『仮名手本忠臣蔵』の五段目・六段目は、主君仇討という大枠の中にありながら、勘平とお軽、おかやと与市兵衛の永別など家庭悲劇を主調として描写しているのであり、評者は作品のテーマに関して、当時の国策に沿うように、政治的イデオロギーを持ち込んで解釈しているといえよう。

次は、芸術的側面についてである。多くの評者が最も関心を向けたのがラプソディスト、すなわち浄瑠璃語りである。例えば『映画通信』のヴァンダーシェックは、「ラプソディストが舞台わきの灯りのついた〈鳥かご〉の中に座り、筋の展開を説明する。彼は叙事詩および物語詩風の、そして賛歌風の語り方で、登場人物の心中の出来事を解き明かす」（Bl.119）と述べている。また、『ベルリン地方新聞』のミュラー・マラインは、盗賊による与市兵衛殺しや勘平の切腹場面など残酷なシーンを、背景に銅鑼の音を響かせながら、伝統的な仕草で、詳細、リアル、かつ象徴的に描くこの日本の芝居は、その浄瑠璃語りの存在によって、残酷なシーンを手回しオルガンの伴奏で歌ったり語ったりする、昔のドイツの大道芸モリタートに似ていなくもないという。道徳的な筋の展開も共通している、と（Bl.121）。

しかし、この語り手のユニークさは、単に劇の筋や登場人物の行為、心理について物語るだけではなく、俳優が演じる登場人物との緻密な言葉の掛け合いを、畳みかけるように展開しながら劇の雰囲気を盛り上げていくところにある。劇作家のアントン・ディーツェンシュミット（Anton Dietzenschmidt）は一二月九日付の『ベルリン日刊新聞』（*Berliner Tageblatt, Abendausgabe*, 9. Dezember 1938）において、この浄瑠璃語りを次のように評している。

驚くべきは日本の演劇術である。最高の様式化と真に鋭いリアリズムが融合している。ラプソディストは筋の展開、思考、感情について物語る。彼は誰が（そしてどんな感情で）語るかを告げると、その演者が舞台に登場し、告げられた動きを遂行する。ラプソディストはホメロス的なパトスを伴って、主人公と共に泣き、嘆き、笑う（そしてハインツ・ギーゼはこれを巧みにやってのける）。（Bl.120）

浄瑠璃語りの存在はそればかりでなく、先に紹介した演劇学者のエドゥアルト・リッターの手紙に書かれていたように、俳優を劇の筋を説明することから解放し、「仕草と身体的リズム」の演技に集中させることを可能にするという。浄瑠璃と俳優の仕草の関係については、一二月一〇日付の『ベルリン株式新聞』において、評者ライスケが別の視点から関心を寄せている。すなわち、浄瑠璃語りが「独特のリズムによって出来事を物語り、心理的に説明する。俳優たちはそのリズムを受け取り、続けて行う散文の会話を通じて自分の仕草の中に取り込む」と述べ、両者の間の有機的な関係に注意を向ける。しかもこの仕草は、他の評者も指摘している通り、「残酷なまでにリアリスティックであり、打楽器によって鋭く拍子を付けられる」わけである（Bl.121裏）。ベルツのドイツ歌舞伎を見た観客は、このような浄瑠璃と俳優の台詞・仕草、そして打楽器の織りなす日本人の不思議な世界に、強い衝撃を受けたようにみえる。

　では、このドイツ歌舞伎に出演した若い俳優たちの演技に関して、新聞はどのように評価したのであろうか。すでに触れたように、このドイツ座附属俳優学校の生徒たちが、トク・ベルツの指導のもとに、歌舞伎的な演技術をどの程度身に付けたのか、残されている資料や新聞の批評、舞台写真を見ても詳らかにならない。もとより、本物の歌舞伎とは比ぶべくもなかったであろうが、彼らの演技は称賛を受けた。新聞記事によれば、ドイツ人である彼らが苦労して人種的ハンディキャップを乗り越え、日本的な演技に習熟しようと努めたということで、大抵はその成果を褒め称えている。ただ残念ながら、その批評は断片的なものばかりである。例えば上記一二月九日付の『ドイツ一般新聞』は次のように報じている。

悲劇の主人公勘平（ヨハヒム・ボルト）は悲劇のあらゆる手段を使った。目を回し、口をへの字に曲げ、日本の木版画でよく知られているように、激情の最中に体をあのS字形に屈めた。お軽（エルスベット・フォン・リューディングハウゼン）は若い日本女性の申し分のないしなやかさを備えていた。百姓の老夫婦を演じたゲオルク・ツィーネルトとエーリカ・ホフマンの演技は素晴らしいものだった。舞台脇の竹御簾の中で、ハインツ・ギーゼはラプソディストとして繋ぎの言葉を語った〔傍点＝引用者〕。（Bl.120裏）

ここではラプソディストは演者の一人として挙げられており、彼が「繋ぎの言葉を語った」というのは、それぞれの俳優の演技や台詞をその語りでもって結び付け、劇的な行為へ高めていく役割を指していると思われる。さらに、一二月一〇日付の『ベルリン株式新聞』を見てみると、ドイツ座附属俳優学校の生徒が、日本人の「異質な心性に感情移入するという極めて難しい彼らの課題」を見事にこなして、俳優としての素質を十分に発揮することができた、と言っている。その後の文は、連邦文書館に保管されているこの新聞の切抜きに一部欠損があって読み取れない部分を省くが、以下のように書かれている。

言語的に印象深いのはラプソディストとしてのハインツ・ギーゼであり、俳優として将来が非常に有望である。〔欠損部分〕勘平はヨアヒム・ボルトである。彼はこの浪人となった侍の、切腹にまで至る恐ろしい魂の苦闘を、演技的手段を誇張することなく真実らしく演じている。その他の俳優を適切に配置することで、全体が明らかなアンサンブル演技になっており、それは十分な喝采を受けるに値する。(Bl.121 裏)

これらドイツ座附属俳優学校の生徒は卒業後、それぞれプロの俳優の道に進んだが、その中で最も活躍したのはラプソディスト、すなわちドイツ語の浄瑠璃語りを務めたハインツ・ギーゼだったようだ。彼はドイツ歌舞伎の翌年の一九三九年、フュルト市立劇場でデビューした後、舞台俳優、映画俳優、特に数多くの外国映画の声優として活躍した。例えばアメリカ映画『荒野の七人』(一九六〇)において、主役クリス・アダムズを演じるユル・ブリンナーのドイツ語の声を担当したのがハインツ・ギーゼであった(14)。ベルツのドイツ歌舞伎で浄瑠璃語りの太夫を務めて称賛を受けただけあって、その話術の才能が将来において開花したとみるべきだろう。その他、一二月一〇日付『ベルリン地方新聞』には、俳優の演技について「固定した仕草の型による日本の演技術に、感嘆に値するほど見事に習熟しているようにみえたので、これら若い俳優たちは大いなる努力家であるばかりでなく、優れた才能の持ち主であることの証にもなった」(Bl.121)と書かれているが、あながち評者の世辞ばかりとはいえないように思われる。

おわりに

以上、トク・ベルツによるドイツ歌舞伎『勘平の死』の公演がどのようにして実現し、そしてどのような反響と評価を得たのかを、原資料によって記述した。日本演劇の予備知識が乏しい当時のドイツにあって、このような本格歌舞伎を目指した公演をドイツ人自身の手で行うことがいかに困難であったか、少しは明らかにできたのではないかと思う。ベルツが長い年月をかけて構想を練り、その実現に向けて努力してきたことが、時代的な背景もあって、ようやく一九三八年に実を結んだわけである。この試みは各方面に反響を呼んだ。そのため、このような実験的試みの継続的実施が多くの人から切望された。またベルツも独日協会会長も、「ドイツ人俳優による歌舞伎上演の可能性と有効性が証明された」のであるから、第二段階として「一般公開上演」を目指そうとしていた。ところが不運にも翌一九三九年に始まった第二次世界大戦のために、中断のやむなきに至った。そして皮肉にも、この演劇実験がきっかけとなって、ドイツに『忠臣蔵』ブームが起き、演劇芸術の改革に無関心な、ナチのイデオロギーを鼓吹するのみのプロパガンダ作品が数多く作られることになる。

エルヴィーン・トク（徳之助）・ベルツは日本人を母に持つドイツ人として、父エルヴィーン・ベルツの遺志を継ぎ、独日文化交流に生涯を捧げた人物である。トク・ベルツの永年の目的は、日本の歌舞伎芸術を、そこに盛られている日本人の心、彼がいうところの「大和魂」と共に、西洋文化に根付かせることであった。すでに触れたように、ベルツは「歌舞伎は我々自身の〈古典〉劇再興のために」、「思いも寄らぬ芸術的可能性と刺激の源を蔵している」という認識を持っており、萎えた西洋演劇の活性化や改革のために役立ち得ると考えていた。そのための実験的試みが、ドイツ人俳優によるドイツ語の歌舞伎『勘平の死』の公演だったわけである。花道、衣装、化粧、舞台の大小道具等、視覚に訴える要素と共に、打楽器の演奏を背景とした浄瑠璃の太夫の語りと俳優の台詞・仕草の掛け合いが、独特の歌舞伎的な世界を舞台に作り上げ、ドイツ人の観客ばかりでなく、日本人をも魅了したという。

かつての演劇改革の推進者ラインハルト、そして次世代の進歩的演出家ピスカートアもブレヒトもすでに不在のドイツにあって、ベルツの実験は芸術的な刺激に富んでいたに違いない。もしも、このドイツ歌舞伎を叙事演劇の開拓者ブレヒトが見ていたら、と思わずにはいられない。そして当時の公演批評を読むと、第一章で述べた二〇世紀初頭の『寺子屋』受容における根本的な問題を克服するための一つの道筋が示されたといえるかもしれない。このようにドイツの演劇界に一石を投じたベルツの試みは、日欧の演劇交流史に記憶されてよいのではないだろうか。

注

(1) デットレフ・シャウヴェッカー「一九〇〇年から一九四〇年代までのドイツにおける日本を扱った演劇について――ドイツ版『忠臣蔵』とは――」(上)(下)、『歌舞伎　研究と批評』2、一九八八年一二月、一三五～一三八頁、および『歌舞伎　研究と批評』3、一九八九年七月、一一六～一一九頁参照。この論考においては、なぜかトク・ベルツの『勘平の死』への言及がない。

(2) 後述するように、トク・ベルツのドイツ歌舞伎はベルリンの独日協会主催の形で公演された。当時、同協会の事務局が取り扱った厖大な書類は、現在、コーブレンツの連邦公文書館に所蔵されていて、ベルツのドイツ歌舞伎公演関係の資料ファイルもその中に含まれている。同ファイルには例えば、台本、プログラム、手紙、領収書、経費計算表、招待状、招待者リスト、入場券、ドイツ各地の多数の新聞記事切抜き等、公演に関係したあらゆる資料が収められている。

(3) ガラス乾板写真「ドイツ歌舞伎」調査経緯については第五章を参照。

(4) 菅沼龍太郎訳『ベルツの日記』第二部上、岩波書店、一九四三年、三～四頁によると、トク・ベルツは一九二八年の六月までには来日しており、同年一一月に帰国の途についているようである。

(5) コーブレンツの連邦公文書館に保管されている関係ファイル内の文書シート番号。正式表記は Bundesarchiv: Aktenband R 64 IV/68, Bl.119. であるが、以下、このように省略する。Bl. は Blatt（ドイツ語で「シート」の意）の略。

(6) ドイツ語の外題 *Sampei's Sühnenopfer* は「三平の罪滅ぼし」の意である。ベルツが「三平」としたのは、歴史上の名前「萱野三平」を採ったため。プログラムには、赤穂浪士の事件が起きた当時、舞台で実名を使うことが禁じられていたが、「この翻案では、主要人物は実名のままにする」とのみ書かれている。内容は浄瑠璃の『仮名手本忠臣蔵』に従っているので、本稿では「早野勘平」を採り、わかりやすく『勘平の死』とした。また外題以外のところでも、早野勘平に統一した。

(7) 眞寿美・シュミット＝木村『花・ベルツへの旅』講談社、一九九三年、二三九頁。

（8） Günther Haasch (Hrsg.), *Die Deutsch-Japanischen Gesellschaften von 1888 bis 1996*（『独日協会の今昔』）, Edition Colloquium, 1996, S.89f.

（9） *Süddeutsche Zeitung*, 13. November 1930.

（10） *Stuttgarter Neues Tagblatt*, Morgenausgabe, 11. November 1930.

（11） 岩淵達治『水晶の夜、タカラヅカ』青土社、二〇〇四年、特に一九～一一一頁参照。

（12） 秦豊吉『宝塚欧州公演日記抄』私家版、一九五三年、六～七頁参照。

（13） 野原駒吉は松竹の城戸四郎の従弟に当たる（城戸氏の息女・迫本君枝氏のご教示による）。一九三〇年の筒井徳二郎のベルリン公演に際しても好意的な記事を書いている。

（14） http://www.deutsche-synchronsprecher.de/sprecher_g.htm (Überarbeitet am 05.12.2006)

付録

『寺子屋または田舎塾』

（竹田出雲作／カール・フローレンツ独訳）　田中徳一訳

『寺子屋または田舎塾』

（竹田出雲作／カール・フローレンツ独訳）　田中徳一訳

登場人物

ゲンゾー　左遷された右大臣、スガワラ・ミチザネ（クヮン・ショージョー、すなわちクヮン大臣）の家来で弟子。寺子屋の師匠として糊口をしのいでいる。

トナミ　その女房

マツオー　左大臣トキヒラ（シヘー）の家来

チヨ　その女房

コタロー　二人の息子

ゲンバ　トキヒラに仕える侍従

クヮン・シューサイ　前右大臣の子息、八歳。世間向きはゲンゾーの実子として、その家で養育を受けている。

クヮン・シューサイの母君　左遷された前右大臣の御台

サンスケ　マツオーの下男

七人の百姓の倅　およそ八歳から一〇歳（そのうちの一人がよだれくりと呼ばれていて、一五歳、体は大きいが幼稚な少年）、ゲンゾーの生徒。

捕手たち　ゲンバの配下

百姓たち

場所は辺鄙なセリョーの里、寺子屋にしているゲンゾー住家。

時は九〇二年。

第一場

シューサイ、よだれくり、寺子たち。寺子たち、シューサイと並んで、小さな文机の前に座り、その上に半紙の束と筆箱が置いてある。机の脇にはそれぞれ文箱がある。皆、筆で平仮名と漢字の手習いをしている。時折中断があり、騒ぎが起きる。幾人かの子供は互いに墨を付け合い、顔と手がひどく汚れている。

よだれくり　（他の子たちに向って）　ああ、阿呆らしい！　お師匠様が留守の間に、座って手習するなんて。（紙を高く掲げる。）こちらを見ろよ！　俺は坊主の絵を描いたぞ、禿げ頭をな！

（大きな笑い声、ほとんどの子供が立ち上がり、喧しく騒ぐ。）

シューサイ　（勤勉に手習いを続ける。）よだれくり、そんなくだらない絵を描くより、もう少しましなことをした方がよい。そんな大きいなりして、簡単な字もろくに書けないではないか。へん、みっともない。

よだれくり　またお手本ぶって！　見ろよ、このお手本ぶった、生意気なやつを――

寺子一　（後ろから物差でよだれくりの頭を一発殴る。）この子の悪口を言うな、よだれくり、さもないと――

よだれくり　（大声で泣き出す。）ああ痛いよ！　こいつが殴りよった（と、寺子一の頭に墨をかける。）

寺子二　のっぽのがさつ者！　一番年上のくせして、ちょっと触れただけで、泣きよるわ。

寺子三　一遍とことんぶん殴ってやれ、この威張り屋め！

（幾人かの寺子、物差を持ってよだれくりに向って行く。皆で取っ組み合いの喧嘩、大騒ぎ。）

第二場

トナミ、隣の部屋より現われる。前場の子供たち。

トナミ　怠け者だね！　また喧嘩を始めたのですか？　さあ静かになさい！　みんな自分の席に着いて、日課の手習いをするんですよ。お師匠さんが間もなく帰宅なさいます。お前さん方がちゃんと勉強していれば、午後はお休みにしてあげますから。

寺子数人　わあ、やった、やった。さあ手習い、手習い！

（と、皆で再び一所懸命勉強に取りかかり、「いろはにほへと」と小声で唱えながら読み書きする。）

第三場

チヨがコタローの手を引いて登場。チヨの後を、サンスケが小さな机と文箱、それに包みを二つ担いでやってくる。前場の人々。

サンスケ　（外から戸を少し開けながら）：もうし、入ってよろしいかな？

トナミ　どうぞお入り下さい。

チヨ　（コタローを連れて中に入りながら）‥　それでは御免下さいませ。（互いにお辞儀を交わす。）今朝方、ゲンゾー殿に使いを遣って、息子の入門をお認め下さるかお尋ね申し上げましたところ、ゲンゾー殿にはかたじけなくもご快諾下さいました。それでわが子を直ちにこちらに連れて参りました次第でございます。この子でございます。

トナミ　こちらが貴方様のご子息でございますか？　心から歓迎いたします。器量よしの上品なお子さんですね。

チヨ　それはご親切にありがとうございます。息子が貴方がたにご面倒をお掛けすることがなければ良いのですが。私どもはつい二、三日前にこの村の外れに引っ越して参ったばかりでございます。嬉しいことに、貴方がたにも同い年位のご子息がおられるように伺っているのですが。そのお子たちの中においでになりますか？

トナミ　はい、そこに居ります。（シューサイに向って）こちらに来て、このご婦人にご挨拶なさい……。（シューサイがやって来て、チヨに深々とお辞儀をして挨拶する。）これがゲンゾーの跡取りでございます。

チヨ　（シューサイとわが子の顔を代わる代わるよく見比べて）容姿端麗の品の良いお子さんですね、ゲンゾー夫人。それはそうと、ご主人様をお見かけしませんが。ひょっとしてお留守でいらっしゃいますか？

トナミ　生憎そうなのです。朝方から庄屋方の寄合と宴会に呼ばれまして、ここから大分遠いものですから、まだしばらくは戻らないと思います。でも貴方様がいま主人に会ってお話しなさりたいのでしたら――直ぐに主人のところに人を遣わしますが――。

チヨ　いいえ、そうして頂くには及びません。これから隣村まで行って、いくらか用足しがございますので、私が戻るまでには、ゲンゾー殿もお帰りになっていることでしょう。これサンスケや！その品をこちらへ運びなさい！（サンスケは二つの包みを主人に渡す。チヨは白い紙に包んで熨斗を添えた片方の包みを、丁重にトナミの前に差し出しながら）これは僅少ですが、どうか今日の記念の印までにお受け取り頂きとう存じます。

トナミ　（深々とお辞儀をしながら）どうかそんなお気遣いは頂きませんように、どうかそんなお気遣いは――

チヨ　そのようにおっしゃって頂くほどのものではございません。こちらの箱に入っているものは（もう片方の包みを渡しながら）寺子たちに差し上げてくださいませ。

トナミ　貴方様の温かいお心遣い、誠にありがとう存じます。主人も心より感謝申し上げることでしょう。

チヨ　それではお暇いたします。しばらくお世話になりますが、この子をよろしくお頼み申します。

（コタローに向って）コタロー、ちゃんとおとなしくしているのですよ。隣村まで行くだけで、また直ぐ戻ってきますからね。

コタロー　お母様、私を置いて行かないでください！　私を一緒に連れて行ってください！（と、行こうとする母の袖を引っ張る。）

チヨ　（コタローから身を振りほどきながら）お前という子は何て意気地なしなんでしょう！　恥ずかしくありませんか、コタロー？（トナミに向って）ご覧のとおり、甘えん坊でしかたありません。（コタローをさすりながら）お前はおとなしくて良い子だからね。ここに居て、行儀よくしていなさい。また直ぐに戻ってきますからね。

（サンスケと一緒に去る。去り際に、いったん外に出たものの、何度もコタローを振り返り見、いとおしむような優しい眼差しでわが子をじっと眺める。チヨは戸を閉めた後、もう一度戻ってくる。）

またお邪魔をしてすみません。私、扇子を置き忘れてしまったようでございます。（あちこちを捜す様子。）

トナミ　（ややあって）貴方様の扇子なら、ほら御手にお持ちですよ。

チヨ　（びっくりして）あら本当ですわ！　私ってぼんやりしていますこと！

（もう一度悲しい眼差しで、わが子をいつまでも見つめながら去って行く。）

トナミ　（慰めるように）可愛い坊や、こっちに来なさい、そんなに悲しい顔をしないで。私の息子のそばに来て、一緒に遊びなさい。
（コタローをシューサイのところに連れて行き、あれこれ元気づけようとする。）

第四場

ゲンゾー、トナミ、コタロー、寺子たち。ゲンゾーが登場。顔は蒼白で、狼狽の態。いったん戸口に立ち止まり、寺子たちを探るようにじろじろ見つめるが、コタローには気付かない。

ゲンゾー　（不機嫌に傍白）百姓面か――どこにもいる田舎面だ――役に立たん――山家育ちでは。
（腰をおろし、放心の態で考え事に耽る。トナミはゲンゾーの様子を不思議そうに眺めていたが、やがて不安になる。ゲンゾーに向って座り、しばらく沈黙の後、語り出す。）

トナミ　貴方はいつになく蒼い顔をなさって、落ち着かず、独り密かにつぶやいておられます。一体何があったのでございますか、そのように取り乱して、怒ったようにお子たちを睨んでいなさるとは？
お願いでございます、そんな暗い顔をなさらないで下さい！
今しがた、私どものところに新入りの子が
連れて来られたばかりなのですから。繊細で上品なお子ですよ。
一つ愛想の良い顔をしてやって下さい。ほら、その子がそばに参ります。
（コタローに向って）コタロー、こちらに参って、お師匠様にご挨拶なさい。

コタロー　（ゲンゾーの前で深々と頭を下げて跪き）
お師匠様、私のことをよろしくお願い申し上げます。真心を込めて
貴方様に忠実に、従順にお仕え申します。

ゲンゾー　（コタローの方を一瞥しながら）

よろしい！　自分の席に着きなさい！

（コタローが立ち上がる間、何気なくその顔を覗き込み、それから段々驚きの眼を見張りながらコタローをまじまじと見つめる。その際、何度もシューサイの方に素早く目を遣る。ゲンゾーの表情が次第に晴れやかになってくる。）

（傍白）わしが見ているのは誰だろう？

あれは――（大声で）コタローか？――お前は、本当に――

こちらに参って、わしをよくご覧！（傍白）確かに、あの子だ！――

（大声で）お前は――良い子だ、コタロー！
顔立ちの良い子だ、おとなしくて礼儀正しい、
性質の良い子は、見ればわかる。そうではないか、女房？
トナミ　もちろんです！
あの子が大そうお気に召しましたようで何よりです。
あの子を眺めたので、貴方のお顔から
暗い気持ちが吹き飛んでしまったのですね。あの子は飲み込みの良い
立派な寺子になりますよ。
母御があの子を連れて来て直ぐに――
ゲンゾー　あの子の母御？――そうか！
母御はここに居られるのか？
トナミ　母御は急いでおりました、
隣村に大切な御用があるとかで。
でも帰りがけにもう一度立ち寄られます。
程なく戻られることでしょう。
ゲンゾー　（取り繕って）そうか、程なくか？――

そう、わしの申したかったのは――只今、重要な用件で忙しいということだ――

子供たちは今日お休みにして、奥の間に

連れて行き、好きなように遊ばせなさい。

ただし、悪さをしてわしの邪魔をしないように！

（子供たちに向って）これこれ、今から

手習いの道具をきれいに片づけて、出て行きなさい。

午後はお休みにします。

（寺子たちは大騒ぎしながら立ち上がり、銘々の道具をまとめて、机と一緒に部屋の隅に堆く積み上げ、片付ける。それからトナミの後に従って、嬉しそうにわいわい言いながら、奥の出口から去る。ゲンゾーは物思いに耽りながら子供たちの後姿を見送る。しばらくしてトナミが戻ると、誰も立ち聞きしていないことを確かめてから、主人に向かって座る。）

第五場

ゲンゾー、トナミ。

トナミ　またもうそのように暗い顔をなさって。おっしゃって下さい、
一体何が起きたのですか？　先程、貴方が取り乱した様子で、
青白い顔をして、ここに入って来た時、私は身震いがいたしました。
それから貴方は子たちを一人ひとり順々に
何かこう――奇妙に――じろじろご覧になった時、何というか――ああ、ご免なさい――
（ゲンゾーは頷くが、心ここにあらず。）
私は恐ろしくなりました。それから貴方がその子を、
見知らぬその子をご覧になった時の、
貴方の眼の何とも不可解な突然の輝き――
私は不吉な予感がいたしました。お願いですから、おっしゃって下さい。
ゲンゾー　不吉？　その通りなのだ！――つまり、我々のことが露顕したんだ！
我々がここに若君を匿い、実子として
育てている秘密が露顕したんだ。
そのことが大臣トキヒラの耳に入っている。
いまやトキヒラは、最後の一子が

ご成長された時の復讐を恐れ、
血に飢えてその命を狙っているのだ。

トナミ　何と恐ろしい！　私の予感した通りですわ！
それをどうしてお知りになったのです――

ゲンゾー　庄屋方の宴会の席で知った――
あの宴会はわしを捕え、我々に逃げる猶予を与えないための
罠にすぎなかったのだ。百人以上の家来を従えた大臣の侍従、
ゲンバめが、わしに向って歩み寄り、こうぬかしよった。
「ゲンゾー、我らはすべてを承知しているぞ！　あいつを引き渡せ！
お前が我が子と称している男児こそ、
少年のシューサイだ。この恥しらずめ！
お前はどうしてもトキヒラの敵を守ろうとするのか？
我らは命令を受けて遣わされてきた。その命令を聞け。
お前がシューサイの首を二時間以内に
我らによこさなければ、こちらからお前の家に
押し入り、首をもらってくるぞ。

そうなれば直にも大臣様の逆鱗に触れること必定。」
となる。このいまいましい悪漢にはいっそのこと
一太刀で答えてやりたかったのだが。
しかし多勢に無勢、
腕っ節に訴えるより謀が勝る。つまりだ、
怒りをぐっと飲み込んで、奴めに聞き従うふりをし、
事を遂げるため、暫しの猶予をくれと願い出てやった。
奴めの傍には宮廷で唯一シューサイを知る
マツオーが居た。首が本物かどうか
請け合う役目を負わされておるのだ。
したがって奴め、旧主と旧主から受けた
深い御恩をすっかり忘れて、
いまやそのご子息まで敵に売る
破廉恥な男。奴めは己の体を支え兼ねるほどの
病人で弱体となっておる。ところが悪行や
裏切りをやらかす力ならあるというわけだ。

さて何が肝心か、よく聞けよ。我々は包囲されている。
逃げることは不可能だ。わしはシューサイに似た
首を手に入れなければならない。
そうしなければシューサイの死は必定。帰り道、
はたして寺子の誰を犠牲にするか
思案したのだが——しかし卑しい百姓の倅の面を
高貴な家に生まれた若君の上品な顔と
一体誰が見間違うであろうか。
こうしてわしは胸に地獄の苦しみを抱きながら
ここに入って来たというわけだ。救いの手が見つかる希望もなく。
その時、新入りの寺子を目にした！　あの子は
我々の主人と瓜二つに似てはいないだろうか？
女房、これは天の配剤だ！
神仏は我々の若君を救おうとしておられる。
神仏の方から窮余の一策として
我々に身替りを送ってくれたのだ。疑ってはならない、

神仏が欲しておられることを。あの子には死んでもらわなくてはならない。
悪鬼があの子を我々の手に引き渡したのだ。
我々があの子の首を討ち、
使者たちに引き渡した暁には、出発だ！
若君を連れて急ぎ逃げよう。
急げば数時間の後に
国境に辿り着ける。河内の国に着けば、
我々は見つかる心配はない。

トナミ　ああ、
何という不運な時の巡り合わせでしょう！　私たちは
罪のない子の血を残酷にも流さねばならないのでしょうか？――
ああ、それが私たちの務めなのですね！　主人への奉公より
尊いことはないのですから――、たとえ世間の人すべてを
犠牲にしなくてはならなくてもね――でも無駄ではないかしら？
マツオーが首実検の任務を負っていると
貴方はおっしゃいました。あの人は若君の顔を知っています。

あの人の目は決してごまかされはしないでしょう。
無駄ですよ。謀は見抜かれてしまいます。

ゲンゾー　さあ、やろう！　もし奴が見抜けば身の破滅を招くだけだ。
わしは刀に手を掛けながら、奴の表情を
よく見張ってやる。万事休すとなれば、
奴を一太刀で斬り倒すまでだ。
それから猛虎のように一味に襲いかかり、
奴らを蹴散らしてやる。かなわなければ、
主人と共に死出三途の旅に出て、忠実にお仕え申す所存。
だがわしは、この企てがマツオーめに挫かれるという
気遣いをさほどしていない。なぜというに、
両男児が驚くほど相似ているからで、
生きている時にわかる相違も、
死ねば見分けがつかなくなるもの。我々に迫っている
もっと大きな危険はその子の母御の方だ。もし母御が
不意に戻ってきて、その子のことを尋ね、

騒ぎでも起こされたら、それこそ逃げられなくなる。
母御が現れたら――その時は、気の毒だが、母御も……

トナミ　母御もですか？
何て恐ろしいことをおっしゃるのです。母御が来たら、――私が
何やかんやと言って押し止めましょう、母御を何とかして……

ゲンゾー　いや、断じてならん。母御はあるいはすでに村人から、
ここで特別な事態が起きていることを聞いていて、
息子に会いたいと言い張るかもしれない――それは断じてならん。
危険が大きすぎる。母御が来なければよいのだが！
しかし母御が現れたら、――ここから二度と出ていくことはないだろう。
我々にはどうしても悪鬼の行為を果たすべき
使命があるのだ。我々は全身これ悪鬼となろう！
母御には死んでもらう、主人の命を守るためには止むを得ない！

トナミ　そういたしましょう。私たちは悪鬼になるのです、他に道がないのですから。
（泣きながら）ああ、何て不仕合せな子でしょう！
何て不幸な母御でしょう、己が愛し子を私たちに預けるに

この日を選んだとは。そして私たちも因果なもの、
あの子の父親となり、母親となるべきものを、
あの子を殺す悪鬼になるとは。何という苦しみでしょう！
（すすり泣きながら袖で顔を覆う。ゲンゾーは感きわまり座っているが、落ち着いている。その時、家の外から大勢の人のざわめきが近付いてくるのが聞こえる。外から引き戸が開けられる。前庭への眺め。）

第六場

ゲンバが引き戸から入ってくる。マツオーは戸の閉じた駕籠の中で座ったままである。百姓たちが前庭に詰めかけ、両侍の前で恭しくお辞儀をする。前場の人々。

数人の百姓　偉いお侍さん方、どうかお慈悲を。おらたちの子供が内にいます。どうかお願いでございます！

百姓一　おらの倅はやっと書き物を始めたばかりです。どうか外へ出して下さい。

百姓二　どうか、おらの孫を！　お侍さんがうっかり孫の首をはねてしもうたら、後でもう一度生

き返らせることはできません。孫を渡して下さい、お侍さん。

百姓三　お頼み申します、よーく見て下さい。おらの倅は若様と同い年。後生でございます、おらを中に入れて、倅を連れて来させて下さい。

大勢　お侍さん方、おらたちを中へ入れて下さい。

ゲンバ　（押し寄せてくる百姓たちを無慈悲に追い払いながら）忌々しい邪魔者め！　群がる蠅のようにぶんぶんうなりよって。とっとと失せてしまえ。お前らの間抜けで、汚らしい小僧どもに、誰も危害を加えやしないわ。小僧どもを連れて、おとなしく立ち去れ！（百姓たちに背を向けて、嘲り笑う）不細工な百姓面を侍顔と取り違えるか、わっはっはっ！

マツオー　（駕籠から降りて、長太刀でやっと体を支えながら、ゆっくり戸口に歩いて行く。）待ちなされ、ゲンバ殿、奴らを解放するのはまだ早いわ。わしだけがその子を知っておるじゃによって、わしには責任がある。百姓の中に謀を企むやつがいたら、シューサイを我が子と言い出しかねん。（百姓たちに向って）皆の者、安心せよ。お前らの子供の名前を呼べ。わしが子供たちを検分した上で、お前らを解放してやろう。

全員　（入り乱れて名前を呼ぶ。）

マツオー　一人ずつ順番に呼べ！

叙唱「見よ、男はむずと
鷲づかみ！
その鉄の爪より
逃るすべなし。
内なる両人、
男の一言一句
胸刺し貫かる、
心中よりは
震える鼓動、
波打つ胸より
怯える吐息。
戸口には
親父たち、
白髪の爺ら
みな佇みて、
待ちわびつ。」

百姓一　チョーマや、チョーマ！

ゲンゾー　（奥の間に続く出入り口に立ち、その都度、奥に向って名前を繰り返す。）チョーマ、こちらに来なさい！

チョーマ　（出て来る。）おらだよ！

マツオー　（チョーマを検分しながら）こやつの顔は墨を塗りたくってひどく汚れておる。だがお前さんがこやつを洗っても、決してきれいにならぬわ。逃がしてやる、こやつではない。（百姓一、チョーマの手を引いて去る。）

百姓二　イワマよ、いるか？　イワマよ？

イワマ　（現れる。）爺っさま、おらだよ。

マツオー　（同じように検分しながら）元気のよい小僧だな。取り立ての茄子みたいに丸い面だ。行け！（百姓二、イワマを背負って去る。）

百姓三　可愛いわが子や、愛し子や！

よだれくり　（一五歳のがさつ者）おらだ！（イワマがおんぶされて運ばれるの見て）父っつぁん、おらもおんぶしてくれる？　父っつぁん、おんぶ！（よだれくりが泣き出す。）

百姓三　いいから泣くでねえ、坊主、泣くでねえ！

ゲンバ　（嘲り笑いながら）このイワヒバリのような声の、悪鬼の申し子のようながさつ者相手じゃ、そなたの判定も不要ですな、マツオー殿！　とんだお世継じゃわい！　わっはっはっ！（後を見送りながら）親父のやつ、大きな図体の坊主をほんとに背負っておるわ！　乾燥鮭を一匹盗んだ猫のように去って行きよる。

百姓四　トクサンよ、トクサン！　お侍様、どうか倅をシューサイ様とお見間違えございませんように。何しろ器量よしですから、お侍様。

（トクサンがするりと通り抜けようとするのを、マツオーが捕まえる。）

マツオー　止まれ坊主、止まるんだ！　ずるいとは思わんのか？　お前の顔をよく見せろ。ほう、西瓜のように丸い、色白顔をして！（トクサンの顔をしげしげ見て）うわ、とんだ汚いやつだ！　とっとと行け。（トクサンを後ろから一突きする。）

ゲンバ　（腹立たしく）ゲンゾー、残りの百姓の餓鬼どもを全員呼び出すんだ。これまで見物したところでは、わし一人でも判断してみせる自信があるぞ。じゃが芋畑にはじゃが芋しか育たん道理だ。

（ゲンゾーは、命じられた通り、残りの三人を呼ぶ。ゲンバとマツオーがこれらの子供をざっと見て、外に出す。百姓みな退場。引き戸が閉められる。ゲンバとマツオー、ゲンゾーの方に向って席につく。）

第七場

ゲンバ、マツオー、ゲンゾー、トナミ。

ゲンバ　さあ、ゲンゾー。お前が約束した通りのことを果たせ。
わしの面前で、このわしの目の前で、
若君の首を討つとお前はわしに誓ったのだ。
さあ急げ、そしてわしに首をよこすのだ。

ゲンゾー　（落ち着き払って）貴殿は何か、私がいきなり
大臣殿のご子息の襟元をつかみ、
首をひねっておいて、犬畜生のように
斬り落とせるとでも思うのか？ そう慌てずに、
やり遂げるまで、しばしの猶予をくれ。
（立ち上がり、奥の間に行こうとする。）

マツオー　少し待て、ゲンゾー。（ゲンゾーを見据えながら）
いくら

我々をだまそうとしたって無駄だ。たとえ
お前が瞬時のうちに若殿を
裏口から逃がすつもりでいても、
その策略はとうに手遅れだ。
百人以上の家来どもが家を囲んで
見張っておるからな、ねずみ一匹逃げ出せん。
また死んだら見分けがつかないと思って、
わしに別の首を差し出し、
わしの目をくらまそうとは考えるな。
そんな古い手でだまされるわしではない！
そんなことをして悔やんでも遅いぞ――

ゲンゾー　（自制しかねて）そんな
くだらん、要らぬ心配は
己のために取って置くんだな。わしは正真
正銘の首を、こうしてお前の目の前に置いてやる。
かすんで、薄ぼんやりとしか見えないお前の目でも見誤ることがないようにな。

ゲンバ　（いらいらして）

つべこべ言いわずと、

早く事に取り掛かれ。さあ急げ！

（ゲンゾー、ゲンバから首桶を受け取り、奥の出入り口から退場。）

第八場

ゲンゾーを除いて、前場の人々。トナミが不安げに聞き耳を立てて座っている。マツオーはあたりを探るように見回し、机と文箱の数を数える。

マツオー　どうも不思議だ、合点が行かん！　我々が見逃してやった

小僧の数は七人ではなかったか？　ここにもう一つよけいにある——

八つ目の机だ——（トナミに向かって）言いなさい、これは誰の机かね？

（と、マツオーはコタローの机を指差す。）

トナミ　（うろたえ、ギクッとする。）

それは新入りの寺子の——あら、私は何を口走っているんでしょう——

いいえ、新入りの寺子なんていません、決して。

それはクヮン・シューサイの机ですわ、本当に。

信じてください——

マツオー　（いらいらして）

もういい、わかった。——急いでくれればいいが

——わしの病は——もう限界じゃ——

（舞台奥で人体の倒れるような音。トナミは激しく身を震わせ、マツオーはかすかにビクッとする。トナミはまず奥の間に急ぎ向かおうとするが、やめて、不安げに立ち止まる。ゲンゾーが蓋をした木桶を手に持って現れ、おもむろにマツオーの前に置く。）

第九場

ゲンゾー、前場の人々。

ゲンゾー　貴殿の命令通り、事を遂げた。ここにクヮン・シューサイの首がある。マツオーマル殿、見間違いなきよう、とくと検分せよ！　せいぜい厳しく吟味するんだな！

（ゲンゾーは刀に手を当て、マツオーを鋭く見据えながら、少し離れて座す。）

マツオー　さあ、用心するんだ！

（その間にゲンバの合図で入って来た数人の捕手に向って）

その位置に着け！（ゲンゾーの背後を指差し）二人をよく見張るんだ！

（マツオーは桶を手前にしっかり引き寄せ、目を閉じたまま蓋を開けて、夢でも見ているかのように、徐々に瞼を開く。黙ったまましばらく首に目をやり、少し震える手で触れる。マツオーの顔には一瞬、心中の苦闘の表情が現れるが、直に消える。みな極度の緊張の中にある。）

マツオー　（少し間を置いて、おもむろに、かつ冷静に）なるほど、疑いなし――討った首は――クヮン・シューサイの首に――疑いなし。

（と、再び蓋をする。ゲンゾーとトナミは傍目にもわかるように安堵の一息をつき、すばやく目配せを交わす。ゲンバが立ち上がる。）

ゲンバ　とうとうやり遂げたな！
でかしたぞ、ゲンゾー、よくやった。
貴殿の為したことは褒美に値する。
貴殿が前大臣の子息を
ここで密かに匿って引き渡さなかったのは、
本来、死罪に当たるものだった。
しかしみずからの過ちを償い、
手ずから処刑を執行したがゆえ、
わしが赦免してつかわす。
（マツオーに向かい）さあ行こう、マツオー殿。
一緒に宮廷へ急ぎ、シヘー殿に
直ちにこの朗報をお伝えしようではないか。
殿は我らが使命の成功を
鶴首して待っておられる。
マツオー　さよう。ゲンバ殿が急いで、
シヘー殿へ朗報――それに首を運んでくれ。しかしわしは勘弁してほしい。わしは病人だ、――それも見かけ以上だ――
今よりわしの暇乞いの
許しをもらってくれ。

ゲンバ　貴殿の勝手次第に。

里に帰り、養生しなされ。貴殿の務めは果たしたのだから。

（ゲンバは桶を手に取り、捕手と共に去る。マツオーは刀で身を支えながら、やっとの思いでゲンバの後に付き、駕籠に乗って運ばれる。）

第一〇場

ゲンゾー、トナミ。両人はなおしばらく根が生えたように座ったままで、退場する人々を信じられない様子で見送る。それからゲンゾーが戸の閂を掛ける。両人は互いに向き合って座り、安堵の吐息をつく。トナミは天に向かって両手を合わせ、床に頭を擦り付け、何度もお辞儀をする。熱心に感謝の祈りを捧げるように。間。

ゲンゾー　神仏は有難きかな！　御仏に感謝奉る！
まこと、ご主君の高徳が
天の加護を我らに呼び下ろし給い、
開いた悪鬼の目を雲で曇らせ、
盲目にしてしまわれたに違いない。
喜べ、女房！　お世継様万歳だ！
トナミ　信じられません。ご主君の霊が
マツオーの目の中に宿り給うたか、はたまた
あの子の首が守護仏だったに違いありません。
石ころを宝石と見間違えるとは！
神様、仏様、何と感謝申してよいやら。
（その時、誰かが外で繰り返し戸を叩く。ゲンゾーとトナミはギクッとする。）

第一一場

チヨ、前場の人々。

チヨ　（外で）もうし、開けて下さい。私です、先ほど寺入りした子の母親です。中に入れて下さい。

トナミ　（小声で、不安そうに）大変なことになりました、ゲンゾー殿、母御です。万事休すです。どうしたらよいのでしょう？　何て言えばよいのでしょう？

チヨ　（外で）開けて下さい、開けて下さい！（いよいよ激しく叩く。）

ゲンゾー　（不機嫌に、トナミに向って）静かにしろ、ばかな女め！　だから最初に言ったではないか。落ち着け。これも我々は始末するんだ、どのちみち。

（ゲンゾーはトナミを脇へ押しやり、戸を開けて、チヨを中に入れる。）

チヨ　（見るからに興奮して）まあ、貴方様がタケベ・ゲンゾー殿、お師匠様でいらっしゃいますか？　今日、私の息子を貴方様のところに連れて参りました。息子はどこにおりますでしょうか？　貴方様にご厄介をお掛けしませんでしたでしょうか？

ゲンゾー　そんなことはありません——お子様はいま奥の間にいて、他の子供たちと遊んでいるところです。お会いになって、一緒に帰宅なさいますか？

チヨ　はい、会わせて下さい。そして息子を連れて行きとう存じます。

ゲンゾー　（立ち上がりながら）それなればこちらへ。どうぞここからお入り下さい――

（チヨは奥の扉へ向かう。ゲンゾーがチヨの背後で刀を抜き、一太刀を浴びせようとするが、同時に振り返ったチヨは、それをうまくかわす。チヨは机の間に逃げ込んで、息子の机をつかみ、それでゲンゾーの二太刀目をはっしと防ぐ。）

チヨ　どうか止めて下さい！

ゲンゾー　（もう一度切り付ける）くたばれ！

（その一撃で机が割れ、中から経帷子、念仏を書き記した紙片、六字の旗、その他葬儀用の道具がこぼれ落ちる。）

ゲンゾー　（驚いて）何だこれは？（刀を下ろし）これはどういう意味だ？

チヨ　（ワーッと泣き崩れて、跪き）どうかお願いでございます。私の息子は身替りの死を遂げましたでしょうか？――若君クヮン・シューサイ様の身替りとなりましたか？　それとも否でしょうか？　どうかお願いでございます。真実をおっしゃって下さい！

ゲンゾー　（身じろぎもせず）何ですと？　身替りですと？　貴方の子が身替りですと？　貴方は――そのつもりで――貴方はそのつもりでお子を――？

チヨ　ああ、私の可愛い愛し子！　あの子は身替りとなりました、己が主君の命を救うため、みずから進んで身替りとなりました。そうでなければ、あの子の経帷子――この念仏――この南無阿弥陀仏の旗は何になりましょうや？

ゲンゾー　貴方の言葉に驚くばかりで、何とも解せない。貴方は誰なのですか。貴方のご主人は誰なのですか？

（この時、戸を叩く音がする。マツオーが戸を外から開けて入り、後ろ手に閉め、恭しく腰を下ろす。）

第一二場

マツオー、前場の人々。

マツオー（大臣ミチザネの作った詩を唱える。）

「梅は空翔け我を追い、
枯れ朽ちたるは桜なり――
世の中に松の木のみぞ
つれなきや不忠なりや」

喜べ、大切な女房よ。倅はご主君のために身替りの死を遂げましたぞ。

（チヨは大声で泣いて床にくずおれる。）

マツオー　（深く感動し、チヨに向って）
可愛い女房、忠実な良き女房よ、
母の悲嘆の涙を流すがよい。お前にはその資格がある。
（ゲンゾーに向って）ゲンゾー殿、許してくれ、
親心から我が儘を言うことを――。
ゲンゾー　（驚きと感動相半ばして）
まだ解せない――夢であろうか、うつつであろうか？
マツオー殿、貴殿はそもそもトキヒラの
家来で、我々の敵ではないのか？
貴殿はかつてミチザネ家と結ばれていた絆を
未来永遠、とっくに断ち切ったのではないのか？
それを今になって――なぜ、貴殿の息子を？――
承知の上で――自分の息子を？――貴殿は私をじっと見つめておられるが――
マツオー　驚かれるのもご尤も。ああ、不幸な運命ゆえ、
私は誤って横道へ逸れ、
幼い頃から大切にしていたすべての人々、

我が一族の先祖代々の主君
かつ恩人である方、さらに我が父、
我が兄弟にことごとく敵対する主君に惹かれ、
その家来となってしまった。その後、
すべての身内と疎遠となった我が身を見、
当然ながら恩知らずと罵られるのを耳にして、
卑劣に主従の縁を切りたくないのなら、
しかたないことと、悩みに悩みました。
確かに、この世で私が受ける苦しみは、
前世において為した悪業の
報いを受けたからに相違ないのです。
それが私には最早耐えられなくなった。人目につかず
トキヒラとの主従の縁を切るため、
病を装い、暇乞いを願い出ました。
丁度そのような折、貴殿がクヮン・シューサイを
自宅に匿っていることが明るみとなり、

トキヒラは、貴殿たちが逃亡する前に、
クワン・シューサイを直ちに殺害し、その印に
若君の首を持って参るよう命じたのです。
トキヒラの家来の中で唯一人
シューサイの顔を知っている私に、
一行に加わり、首実検を致すよう
命令が下りました。さような次第で
私に暇が出ることになったのです。
こうして貴殿はここで最後の奉公を
勤める私と出会ったわけです。私を
重い罪の重荷から解き放ち給うた
神仏に心からの感謝を捧げたい。
ゲンゾー殿、きっと貴殿は若君の殺害を
失敗させようと試みるだろうと
私は思っていたし、知ってもいた。それにしても
逃げることなど思いも寄らず、人を欺くしか

道がないというに、貴殿は何をなさろうとしたのか？
その時、私は好機が到来したと思った。急ぎ
決断し、私の女房、私の哀れな、
健気な女房と相談をなし、――貴殿のところに
私の息子を送り届けました。身替りとして
お役に立つよう、神仏と貴殿にお任せしたのです。
私は人生の清算に来た時、
あの机の数を数えたが――机が一脚多い――
それで私の息子がここに来ていることを知り、
目前に迫っていることを知ったのです――
「世の中に松の木のみぞ
つれなきや不忠なりや」
忘れ難き我がご主君が
私にあてたこの言葉、
始終耳について離れず、誰も彼もが
私に向かい、あの松だ、あの松だ！――と抜かしよる。

ああ、それがためにどれほど悩んだことかご同情下され。
そこで父の罪過を償うべく
犠牲となってくれる息子がいなければ、
私は家族もろとも、永久に世間の笑いもの、恥さらしに
なっていたことでしょう。かけがえのない我が息子よ、
我らが名誉の救い主よ！

チヨ　我らが名誉の救い主！
そうです、この言葉を聖なる供物として
我が子の霊に捧げましょう、それであの世に行った
我が子の霊が清浄な喜びで満たされますように。
私があの子をここに残して行き、
あの子が私に付いて来ようとした時、それこそ
虎口に置き去りにするようで、胸中はえもいわれぬ悲しさで
一杯になりました。いま一度
死んだあの子の体を抱かせて下さい。最後に
愛し子を私の懐に抱いて、

ああ、もう一度抱き締めさせて下さい。
（と大声で泣きながら床に打ち伏す。）

トナミ　（いたわるようにチヨに近付く。）お気の毒な母御、ご愁嘆のほど
心底ご同情申します。あの子が師匠に向って
「お師匠様、私のことをよろしくお願い申し上げます。真心を込めて
貴方様に忠実に、従順にお仕え申します」と言った言葉を思い出すと、
こうして肉親でない私でさえ、
背筋が寒くなるようでございます――
まして母御のご悲嘆、いかばかりかとお察し申します。

マツオー　女房や、そのように嘆き過ぎるのは
よろしくない。天の定めるところに従い、
これをじっと耐えることにいたそう。
（ゲンゾーに向って）ゲンゾー殿、女房が倅を貴殿のところに
連れて参る時、倅は死出に向かうことを
承知していたのです。私から言い聞かせてあったのですが、
八歳になったばかりのいたいけな少年が、みずから進んで

恐れを知らぬ英雄のような勇気をもって立ち向かいました。

ゲンゾー殿、倅はどのように死にましたか？　命乞いを致しましたか？

ゲンゾー　ご子息は英雄らしい最期を遂げられました。どんな男も

ご子息ほど勇敢に死を見つめることはできないでありましょう。

私が刀を抜いて、ご子息に耳打ちし、

死んで頂かなくてはなりません、今、この場で、

と申した時、ご子息は私に討たれるつもりで、

にこやかに微笑み、落ち着いて首を差し出しました。

マツオー　おお、健気な子よ！　忠実な、殊勝な倅よ！

私の弟もこのように主君のために、

忠実に従順に死んでいったのです。今や二人は

あの世で再会を祝っていることであろう、

そして犠牲的精神の報いを受けていることであろう。（すすり泣きながら）

許してくれ、ゲンゾー殿、もうこれ以上

涙をこらえてはいられない――

（と泣く。皆も共に泣く。）

第一三場

隣室の泣き声を聞いたクヮン・シューサイが、姿を現わす。間もなくしてシューサイの母が登場。前場の人々。

シューサイ　私のために、
なぜ、私のためにこのような恐ろしいことを？
ああ、犬どもが私を探し求めていると、
貴方がたが教えてくれていたなら、コタローを決して
身替りにはさせなかったものを。何て悲しいことでしょう！
貴方がたの所為で何て申し訳ないことに！
（と泣き、袖で顔を覆う。皆すすり泣く。マツオーが黙って立ち上がり、戸口のところに歩いて行き、外に向って合図を送る。）

マツオー　（シューサイに向き直って）若君様！

私は空手で参ったのではございません。貴方様には
最善の贈り物を持って参じました。そこをご覧下さい！
（戸口を指差すと、そこに数人の男たちが扉の閉まった駕籠を担いで現われ、駕籠からシューサイの母君が降りる。
母君が入ってくる。）
シューサイ　なぜ母上が、母上様！
シューサイの母君　我が子よ！
ゲンゾー　（短い間を置き、思いがけない喜びの表情で）
何という光景？　見間違いではないのか？
貴方様は御台様ではございませんか？　ここでお目にかかれるとは
何という仕合せ！　我々はずっと以前より
方々御行方を尋ねておりました。御行方をくらましておられたようですが、
何処にご滞在でしたか？　何処に御隠れ遊ばしましたか？
マツオー　その儀は私の方から。獰猛なる
暴君が菅原家一族を滅ぼす危険が迫った折、
御台様を密かに嵯峨へお連れ申しました。しかし間もなく
その御居所も発覚してしまいました。そこで乞食坊主に

姿を変えて御居所に忍び込み、
いろいろ危うい所を気付かれずに潜り抜け、
この近所にお連れ申したという次第。しかしまだ安心はできません。
ゆえに出発のご用意を。急ぎ行き、
河内の国境を後にいたしましょう。そこでは
姫君にもお目にかかれることでしょう。姫君はご心配して
母君とご兄弟を待ちわびていらっしゃいます。さあ出発しましょう！
少しの猶予も破滅となりかねません――
（チヨに向って）さて女房、親として我々最後の務めです！
尊い亡骸の野辺送りをなし、霊前に供え物をいたそう。
（トナミは奥の間に入って、亡骸を両手にだき抱えて現われる。マツオーとチヨが上着を脱ぐと、下には白装束を
付けている。）

ゲンゾー　いいえ、マツオー殿！　この時に、悲しみに沈んだ
貴方がた父母に弔いの儀を任せるというのは
いかにも非情。
女房と私とで――

マツオー　どうか私に任せてもらいたい。

（意味ありげに）葬るのは我が子ではありません――若君ですぞ。

（と亡骸を腕に抱えて運び出す。他の人々がすすり泣きながら後に従ううちに幕が下りる。）

幕

初出一覧

第一章　ドイツにおける『寺子屋』――ケルンおよびベルリン公演（一九〇七～八）を中心として
書き下ろし

第二章　ブレヒト『男は男だ』と筒井歌舞伎
「『男は男だ』に見るブレヒトと歌舞伎の関係」、日本比較文学会『比較文学』第三九巻、一九九六年

第三章　ブレヒト『肝っ玉おっ母』と回り舞台
「ブレヒトにおける回り舞台の象徴的使用」、日本大学『国際関係研究』国際文化編第一六巻一号、一九九五年

第四章　カトリンの身体言語と歌舞伎的手法
「ブレヒトの『肝っ玉おっ母』に見る歌舞伎的要素――カントリンの太鼓とお舟、お七」、日本比較文学会『比較文学』第三七巻、一九九四年

第五章　ガラス乾板写真「ドイツ歌舞伎」について
「写真「ドイツ歌舞伎」と『勘平の死』をめぐって」、日本大学『国際関係学部研究年報』第二七集、二〇〇六年

第六章　トク・ベルツのドイツ歌舞伎『勘平の死』
「トク・ベルツによるドイツ歌舞伎『勘平の死』公演（1938）のドキュメント」、『演劇学論集・日本演劇学会紀要』五〇、二〇一〇年

付　録　『寺子屋または田舎塾』（竹田出雲作／カール・フローレンツ独訳）田中徳一訳
書き下ろし

あとがき

私はもともとドイツ演劇が専攻だった。初めて演劇の異文化接触に関心を持ったのは、大学院時代、宮下啓三先生の特別講義で、フリードリッヒ・シラーの劇が日本ではまず歌舞伎翻案の形で紹介されたことを知ったときだ。その後、新関良三、河竹登志夫両先生の著作を通じて、徐々に比較演劇の世界に引き込まれていった。そして一九九〇年から翌年にかけ、ウィーン大学でサン・キョン・リー先生の講義を聴き、「西洋演劇に与えた日本の伝統演劇の影響」について強い興味を覚えた。今後のテーマはこれだと思った。早速、リー先生から許可を頂いて『東西演劇の出合い』を翻訳出版し、また姉妹編『日米演劇の出合い』も翻訳させてもらった。その間、ブレヒトや筒井徳二郎などのテーマに出合い、演劇の異文化接触や比較演劇の観点から研究を進めることになった。

本書はその過程で生まれた既発表・未発表の論文などを集めたものである。二〇世紀前半、ドイツ人がそれぞれの時期に、異文化演劇としての歌舞伎にどのように関わったのか、あるいはブレヒト演劇が歌舞伎とどのように関わりがあるのかを論じようとした。対象を前世期前半に限ったが、この時代に西洋では東洋からも刺激を受けて演劇改革が推し進められ、現代演劇の基礎が出来ていくので、それなりの根拠があると思っている。

第一章のドイツにおける『寺子屋』論は、二〇〇六年、西洋比較演劇研究会のシンポジウム「寺子屋の東西」で発表した内容をもとに、同名の論集刊行（計画中止）のために用意した原稿を、今回、大幅に加筆修正したものである。西洋における二〇世紀初頭の歌舞伎受容の有様を探ろうとした。当時、ドイツ初演（ケルン、一九〇七）のことが日本にも伝えられ、大成功を収めたように報じられたが、調べてみると、偏った情報だったことがわかる。特にベルリン公演（一九〇八）は不評だった。ドイツに先んじて行われ、意外な成功を収めたポーランド語公演（ルヴフ、一九〇四）と比較することで、ドイツ公演の問題点を考察した。巻末の付録にカール・フローレンツ独訳（一九〇〇）の邦訳を載せたのは、このフローレンツ訳が西洋における『寺子屋』受容の出発点となったからだ。

次の三章は、ベルトルト・ブレヒトの演劇と歌舞伎との関係を論じた。ブレヒトは歌舞伎から学んだと言われることがあるが、この問題を追究したものは少ない。まず筒井徳二郎のベルリン公演との関係である。欧米二二ヵ国巡業で成功を収めた筒井歌舞伎の調査に基づき、ブレヒトが『男は男だ』演出（一九三一）において刺激を受けた可能性と、この劇に、もとから備わっていると思われる歌舞伎との類似性を探ってみた。続いて『肝っ玉おっ母』ベルリン公演（一九四九）における回り舞台の独特の使用法と歌舞伎の道行を比較し、さらに同劇におけるカトリンの身体表現と歌舞伎的技法との接点を考察した。歌舞伎から刺激を受けたものか、それともブレヒトのオリジナルなものか、確かに見極めにくいのであるが、少なくとも両者の類似性や交差するところが、もっと注目されてよいのではないか。

最後の二章は、日独混血のトク・ベルツの翻案・演出によるドイツ歌舞伎『勘平の死』（『忠臣蔵』五段目・六段目）のベルリン公演（一九三八）を取り上げた。花道を設け、御簾付きの浄瑠璃、化粧・衣装・舞台装置、演技と台詞回しまで、本格歌舞伎を目指そうとしたものであり、二〇世紀初頭の『寺子屋』の時と比べて、上演方法が格段に進歩している。特にドイツ語浄瑠璃の語り手とドイツ人俳優の掛け合いが独特の効果を発揮し、西洋演劇に未来の姿を示唆するものと受け取られたところに注目したい。かつては浄瑠璃が西洋人の理解を阻むとして省略されたり、人物の台詞に書き替えられたりしたのである。

このドイツ歌舞伎の公演を撮影したガラス乾板写真一七枚が、奇しくも松竹関西演劇部に保管されていた。ベルツが一九四〇年に日独映画親善使節として来日した後、彼から直接、松竹会長の白井松次郎氏に手渡されたものと推測される。またコーブレンツのドイツ連邦公文書館には、同公演に関する数多の資料が一つにまとめて収められている。これら戦禍を免れた両国の資料に出合えたことは幸運だった。

歌舞伎は演劇として普遍性を持っている。それと共に西洋演劇との間に、越えがたい隔たりがあることも確かだ。しかし演出家の串田和美氏によると、十八世中村勘三郎が二〇〇七年七月、二度目のニューヨーク公演で『法界坊』を演じたとき、ある俳優が「ブレヒトだ」と言ったという。ブレヒトに傾倒する串田氏の演出のせいばかりでなく、そもそも歌舞伎という芝居は、西洋人にはブレヒト演劇に近いと感じられるのではないだろうか。
この度は、えにし書房の塚田敬幸氏に大変お世話になった。原稿の隅々にまで目を通していただき、お蔭で読みやすい本になった。ご尽力に心より感謝申し上げたい。

平成二七年晩秋

富士を望む足柄平野で

田中徳一

【著者紹介】
田中徳一（たなか・とくいち）
1949年生まれ、日本大学国際関係学部国際教養学科教授。博士（国際関係）。専門は比較演劇（史）。
主な著訳書に『東西演劇の出合い――能、歌舞伎の西洋演劇への影響』（新読書社）、『演劇は異文化の架け橋』（栄光出版社）、『日米演劇の出合い』（新読書社）、『筒井徳二郎 知られざる剣劇役者の記録――1930～31年22ヵ国巡業の軌跡と異文化接触』（彩流社）がある。

Emishi Shobo

ドイツの歌舞伎とブレヒト劇

2015年12月20日 初版第1刷発行

■著者 田中徳一
■発行者 塚田敬幸

■発行所 えにし書房株式会社
〒102-0074 東京都千代田区九段南2-2-7 北の丸ビル3F
TEL 03-6261-4369 FAX 03-6261-4379
ウェブサイト http://www.enishishobo.co.jp
E-mail info@enishishobo.co.jp

■印刷／製本 モリモト印刷株式会社
■装幀 又吉るみ子
■組版 木村暢恵

 ISBN978-4-908073-20-5 C0074

小津安二郎の悔恨　帝都のモダニズムと戦争の傷跡

指田文夫 著／四六判並製／ 1,800 円＋税　978-4-908073-13-7 C0074

失敗作とされる『東京暮色』こそ傑作であり、小津の本心が秘められている。戦前モダニズムの洗礼を受け、戦後も一貫してその価値観で作品を作り続けたかに見える小津に隠された「悔恨」と揺らぎを、作品から掬いあげ、新しい小津像を描き出す。『黒澤明の十字架』の補遺を通し、巨匠２人の戦争との関わりを対比した比較論考を付す。

ルーマニア音楽史　音楽家の足跡から辿る

畠山陸雄 著／四六判並製／ 2,000 円＋税　978-4-908073-12-0 C0073

様々な民俗音楽･伝統音楽、現代音楽が併存し、独自の魅力を放ち、多くのファンを持つルーマニア音楽を、古代から現代まで、エネスク、ポルムベスク、ハスキル、リパッティ、チェリビダッケなど音楽家約 80 人の活動を丁寧に辿りながら詳細に解説。最新音楽事情、貴重なロマ音楽事情も盛り込んだ決定版基本図書。

アウシュヴィッツの手紙

内藤陽介 著／ A5 判並製／ 2,000 円＋税　978-4-908073-18-2 C0022

アウシュヴィッツ強制収容所の実態を、主に収容者の手紙の解析を通して明らかにする郵便学の成果！　手紙以外にも様々なポスタルメディア（郵便資料）から、意外に知られていない収容所の歴史をわかりやすく解説。

ぐらもくらぶシリーズ１　愛国とレコード　幻の大名古屋軍歌とアサヒ蓄音器商会

辻田真佐憲 著／ A5 判並製／ 1,600 円＋税　978-4-908073-05-2 C0036

軍歌こそ“愛国ビジネス”の原型である！　大正時代から昭和戦前期にかけて名古屋に存在したローカル・レコード会社アサヒ蓄音器商会が発売した、戦前軍歌のレーベル写真と歌詞を紹介。詳細な解説を加えた異色の軍歌・レコード研究本。

ドイツ外交史　プロイセン、戦争・分断から欧州統合への道

稲川照芳 著／四六判並製／ 1,800 円＋税　978-4-908073-14-4 C0022

ベルリン総領事、ハンガリー大使を務めた外交のエキスパートが、実務経験を活かして丁寧に記した、外交の視点からのわかりやすいドイツ近現代史。ドイツ外交を通史的に振り返ることを通して、欧州の歴史や欧州統合の現代的意味を考え、現在の日本が得るべき知恵を探り、歴史問題と外交のあり方を問う。

丸亀ドイツ兵捕虜収容所物語

髙橋輝和 編著／四六判上製／ 2,500 円＋税　978-4-908073-06-9 C0021

映画「バルトの楽園」の題材となり、脚光を浴びた板東収容所に先行し、模範的な捕虜収容の礎を築いた 丸亀収容所 に光をあて、その全容を明らかにする。公的記録や新聞記事、日記などの豊富な資料を駆使し、当事者達の肉声から収容所の歴史や生活を再現。貴重な写真・図版 66 点収載。

西欧化されない日本　スイス国際法学者が見た明治期日本

オトフリート・ニッポルト 著／中井晶夫 編訳／四六判上製／ 2,500 円＋税　978-4-908073-09-0 C0021

親日家で国際法の大家が描く明治期日本。日本躍進の核心は西欧化されない本質にあった！　こよなく愛する日本を旅した「日本逍遥記」、日本の発展を温かい眼差しで鋭く分析した「開国後 50 年の日本の発展」、国際情勢を的確に分析、驚くべき卓見で日本の本質を見抜き今後を予見した「西欧化されない日本を見る」の３篇。